KAWADE
夢文庫

蔦屋重三郎と江戸のアートがわかる本

歴史の謎を探る会[編]

河出書房新社

地図版作成●原田弘和
協力●オフィステイクオー

江戸文化爛熟《らんじゅく》の仕掛け人の生き様——まえがき

江戸時代は出版業が日本で成立した時代である。活字印刷技術を利用し、京都、大坂、江戸へと印刷出版業が広まっていった。この印刷出版が庶民に定着したのが田沼時代と呼ばれる明和《めいわ》初期から天明《てんめい》中期までの約20年だ。この時代は商業の活性化を背景に、戯作《げさく》、黄表紙《きびょうし》、狂歌本などの文学が発展した。書籍は都市部の版元が発行し、最大の成功者となったのが、蔦重《つたじゅう》こと蔦屋重三郎《つたやじゅうざぶろう》である。

重三郎は遊郭街で知られる江戸吉原《よしわら》に生まれ、養子先の店先を借りて書店をはじめた。そして、優れた経営手腕と人心掌握《じんしんしょうあく》によって、有力な作家たちを味方に引き込み、先進的な手法で出版業界の頂点へと躍り出た。

本書は、そうした重三郎の経歴や功績、彼を取り巻く作家たち、そして彼の仕事に大きな影響を与えた吉原の実情について解説した一冊だ。

重三郎はどのような人生を歩んだのか。彼に協力した文化人はどんな人物だったのか。重三郎の生まれ育った吉原の光と闇。そして重三郎は、その時代にどんな功績を残したのか。江戸の出版王と呼ばれた蔦屋重三郎、その実情を知る手助けとなることを切に願う。

歴史の謎を探る会

蔦屋重三郎と江戸のアートがわかる本　目次

1
江戸のメディア王・蔦重《つたじゅう》いったい何者か？
――生い立ちの謎から登場の時代背景まで――

2 蔦重がヒットメーカーになれた理由とは

彼に見出され、育てられた才人たち——

3
写楽を世に出した驚異のプロデュース
斬新な発想、驚きの商才、人脈のすべて——

4

蔦重を生み、知識人が集《つど》った「吉原」という別世界

5 蔦重が現代の私たちに残した宝とは

1

江戸のメディア王・蔦重《つたじゅう》いったい何者か？

――生い立ちの謎から登場の時代背景まで――

吉原生まれの吉原育ち、蔦屋重三郎の誕生

謎の多い少年時代

蔦屋重三郎《つたやじゅうざぶろう》は、寛延《かんえん》3（1750）年正月7日に江戸の吉原《よしわら》で生まれた。本名は柯理《からまる》。父親は丸山重助《じゅうすけ》、母親は広瀬（廣瀬）津与《つよ》だと、正法寺《しょうほうじ》の「喜多川《きたがわ》柯理墓《ぼ》碣銘《けつめい》（起草・石川雅望《まさもち》）」に記されている。通称の重三郎の「重」は、父親の名から取ったという。なお、オリジナルの墓碣銘は、関東大震災や太平洋戦争の戦火で寺ごと焼け落ちている。現在の碑石は戦後に再建されたものだ。

母親は江戸、父親は尾張（現愛知県）の出身とされているが、ふたりがどのように出会ったか、いかなる職業だったのかはわかっていない。母親については、重三郎が母の死後に碑石の製作を大田南畝《おおたなんぽ》に依頼していたので、良い関係だった可能性は高い。

半面、父親には一切記録がないために、名前以外の情報はわからないのである。おそらく父親は、尾張から江戸へと渡り、吉原関連の仕事に就いたのだろう。そして母親と知り合い、結ばれたとされている。

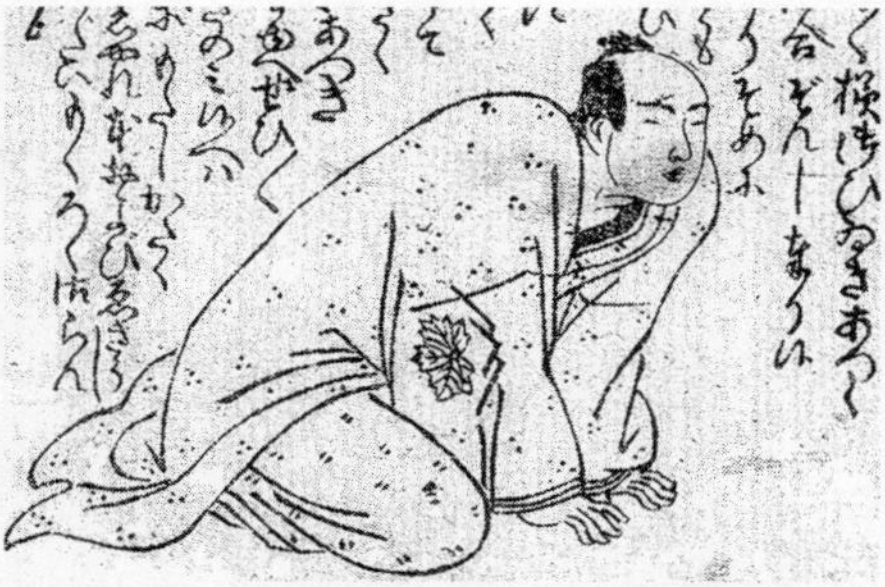

版元の立場で出版物に描かれた蔦屋重三郎

このほかにも、兄弟はいたのか、いかなる少年だったのか、重三郎の幼少期には謎が多い。いずれにしても、吉原という最先端の文化都市で子ども時代を過ごした経験が、のちの出版活動に役立ったことは間違いないだろう。

蔦屋登場以前の出版事情

日本の活字印刷の歴史は奈良時代にまでさかのぼり、大寺院の工房における宗教本の製本印刷が室町時代までおこなわれていた。安土桃山時代に入ると、豊臣秀吉の朝鮮出兵で半島の活字印刷技術が日本に持ち込まれ、後陽成《ごようぜい》天皇による『孔子物語』などの印刷をはじまりとして、さらに活発化する。中心となったのは、諸大名お抱えの知識人、あるいは貴族、僧侶、豪商などだ。

膨大な文字をひとつひとつ彫る手間がかかるために、江戸時代では原稿を丸ごと1枚の板に彫る木版印刷が主流だった。それでも知識人を通じて町人にも印刷ノウハウが伝わり、17世紀中頃から民間の出版業も盛んとなる。寛永年間《かんえい》（1624〜44）には、仏書印刷も寺院工房から出版業者へと委託され、出版業は発展していく。ただ、重三郎が誕生するより前、出版業の中心地は上方《かみがた》（京都・大坂）だった。江戸は徳川将軍家のお膝元《ひざもと》として急成長を遂げて、元禄年間《げんろく》（1688〜1704）には文化においても日本の牽引役となりつつあったものの、まだまだ上方がリードしていたのである。

江戸の書物問屋は上方縁故の書店、あるいは大手上方書店の出店が大半を占めている。まさに江戸初期の出版業界は上方の独壇場《どくだんじょう》だったのだ。

逆転する江戸と上方の出版業

18世紀に入ると、江戸と上方の出版業界は逆転することになる。政治の中心となった江戸は、それまでの湿地を開拓して都市機能を整える。やがて「100万都市」と呼ばれるほど江戸の人口は増え、それにともなう経済発展は庶民の生活にもゆとりを生み、庶民の文化的欲求を高めることにもなった。

世間の需要拡大は江戸出版業界を活性化させ、多種多様な書物の出版につながった。主力商品となったのは、浄瑠璃本《じょうるりぼん》、浮世絵、草双紙《くさぞうし》といった1枚刷り。江戸で出版されたこれらは、「地本《じほん》」と呼ばれて親しまれた。

地本は「地物の本」（その土地＝江戸でつくられた本）を略した用語で、これを扱う問屋も「地本問屋《どいや》」と呼ばれるようになった。これに対して、仏書、歴史書、医学書といった堅い内容は「物の本」といい、扱う問屋は「書物問屋」。ちなみに、上方で制作された本は、江戸に下ってくるので「下《くだ》り本」である。

出版業界の興隆は、幕政批判の増加を恐れた江戸幕府の警戒を招き、出版規制を幾度も受けることになる。

8代将軍徳川吉宗《よしむね》がはじめた「享保《きょうほう》の改革」では、町奉行の大岡越前が享保6（1721）年8月に問屋仲間という組合の結成を江戸の書物問屋に命令し、翌年の11月には好色本《こうしょくぼん》や徳川家および幕府に関する書籍を絶版とした。

この命令によって、享保12（1727）年までに通町《とおりまち》組、中通《なかどおり》組（のちに南組が分離独立）という名称の書物屋仲間が結成され、遅れて地本問屋仲間もつくられた。これらの仲間組織は、江戸内の上方勢と対立しつつも急速に勢力を伸ばしていく。

重三郎が誕生した寛延3（1750）年ごろには、江戸における下り本の出版数が約140点なのに対し、江戸地本は260点以上と倍近い差をつけていた。

こうした上方との競争と問屋の組織化、その後の老中・田沼意次《たぬまおきつぐ》の政策による好

出版の活性化に寄与した田沼意次

景気を追い風として、大衆向けの出版はさらに成長することになる。重三郎は、そうした江戸出版全盛期の前夜に生を受けたのである。

丸山家から喜多川家へ

出版業界が激動の時代を迎えていたとき、重三郎の両親が離婚した。重三郎が7歳のころだとされているが、離婚原因についてはわかっていない。しかし、離縁後に重三郎が喜多川家の経営する「蔦屋」の養子となったことは事実のようだ。

こうして丸山柯理は、蔦屋の号を得るきっかけを得た。

養子先の蔦屋がどこだったのかも不明だ。一説によると、吉原の茶屋だったとされており、仲之町の蔦屋利兵衛か江戸町二丁目の蔦屋理右衛門の店が候補とされている。ただ、そこで重三郎がどんな仕事を任されたのか、蔦屋が出版業とつながりがあったのかも不明のままである。

しかし、宿屋飯盛《やどやのめしもり》（石川雅望）が後年に、「才知に優れ、度量が大きく、信義に厚い」と評した人柄の基礎が、若者時代に形成された可能性は否定できない。出版王蔦屋重三郎への道は、ここからはじまったのである。

最初の刊行となった遊郭ガイドブック『吉原細見』

吉原ガイドブックの小売業

蔦屋重三郎が書店をはじめたのは安永2（1773）年、22歳のときだ。新吉原大門口五十間道《ごじっけんみち》の東側にて引手茶屋《ひきてぢゃや》を営む、義兄蔦屋次郎兵衛の軒先を借りたとされている。店名は「耕書堂《こうしょどう》」で、当初は出版業に進出していない。版元である鱗形屋《うろこがたや》の『吉原細見《さいけん》』の卸売と小売がはじまりだった。

蔦重を高く評価した宿屋飯盛

『吉原細見』とは、吉原のガイドブックのこと。遊女の名前や格付けはもちろん、遊女屋や茶屋の一覧、遊女の揚げ代や紋日《もんび》(イベント開催日)、名物などが紹介され、吉原で遊ぶための必須本

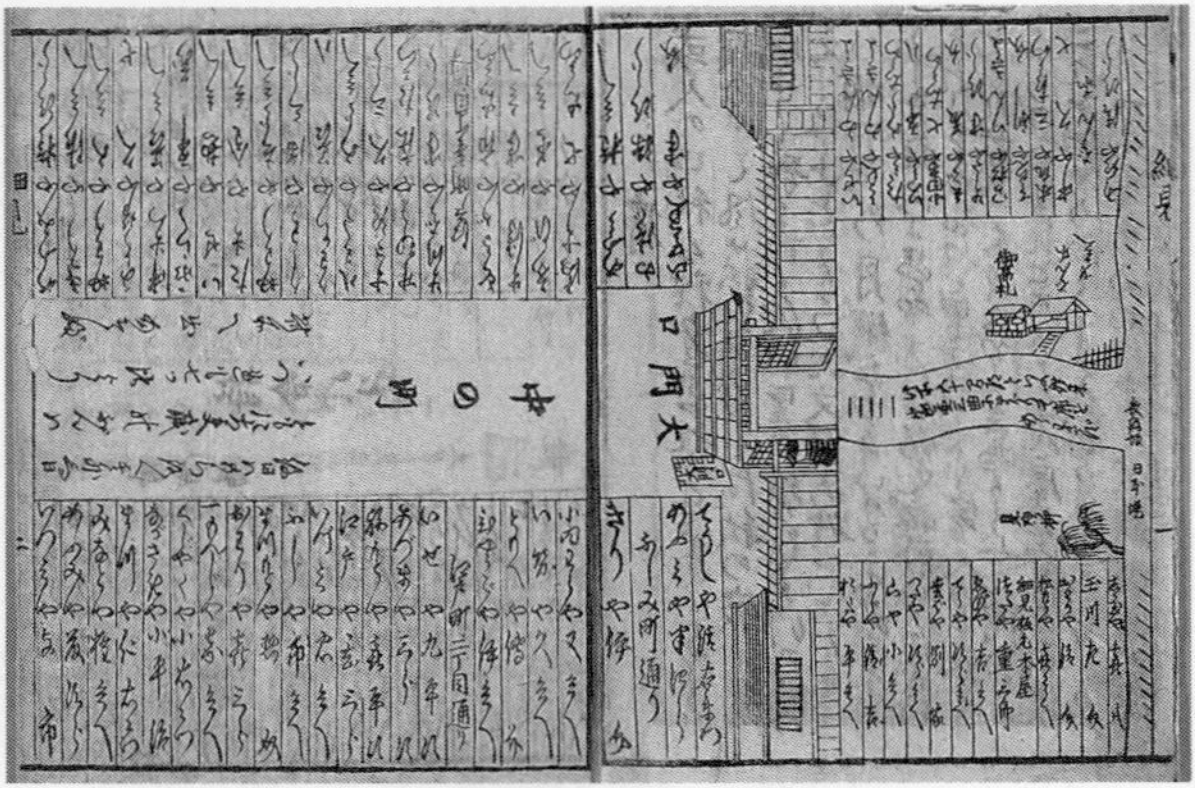

『吉原細見』蔦屋重三郎、安永8(1779)年
(提供:国立国会図書館デジタルコレクション)

だった。

春と秋の年2回刊行されるこの本を、当時独占出版していたのが鱗形屋だ。その販売元のひとつとなることで、重三郎は書店の経営を軌道にのせたのだ。

ただ、重三郎がなぜ書店業を志したのか、鱗形屋といかにして協力関係を結んだのかはわかっていない。

しかし、吉原という文化最先端の町で幼少期を過ごした経験と、のちに数多くの文化人を発掘することになる芸術への鋭い感性、実業家としての才覚が、発展の目覚ましい出版業界への強い興味をもたせた可能性は大きい。

そして吉原に根差した『吉原細見』

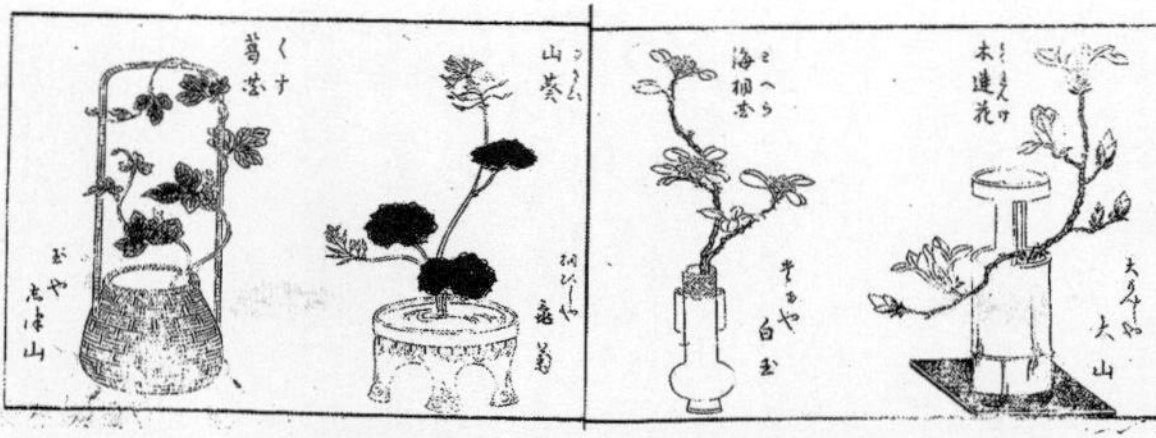

版元としての蔦屋の第一作『一目千本』、安永3(1774)年
(提供:国文学研究資料館所蔵)

に目をつけて、その最大手である鱗形屋と提携し、出版業者としての下地づくりをはじめたとされている。

出版業者・蔦屋重三郎のはじまり

鱗形屋と提携した重三郎は、安永2（1773）年に鱗形屋版の吉原細見『這婥観玉盤《このふみずき》』と『嗚呼御江戸《ああおえど》』を発売し、小売業者としての地位を固めた。この『嗚呼御江戸』の序文は福内鬼外《ふくうちきがい》（平賀源内《ひらがげんない》）が書き、奥付には「細見改 おろし小売 新吉原五十間道左側 蔦屋重三郎」と刷り込まれていることでも知られる。

そして翌年の7月、重三郎は独自の出版物を発表。『一目千本《ひとめせんぼん》』という題名の、遊女評判記である。版元としての重三郎は、ここにスタートを切ったのだ。

挿絵を担当する北尾重政《きたおしげまさ》は浮世絵界の大物でもあり、出版をはじめたばかりの重三郎が安易に接触できる人物ではない。そのため、刊行には鱗形屋の支援があったとされている。

ところが安永４（１７７５）年７月、重三郎は独自の吉原細見『籬《まがき》の花』を刊行。鱗形屋の独占状態を崩す行為に等しいが、重三郎への報復措置などは一切ない。なぜなら、このとき、鱗形屋は重版・類版禁止に関する違反で訴訟を起こされ、『吉原細見』の出版停止に追い込まれていたからだ。重三郎は鱗形屋が動けない隙《すき》を狙い、独自の『吉原細見』刊行に至ったのである。

その翌年には鱗形屋版の再版もはじまるが、蔦屋版も変わらず発行され続けた。こうして吉原細見は、鱗形屋と蔦屋の並立状態になったのである。

評判を呼んだ重三郎の『吉原細見』

最大手の鱗形屋と小売あがりの蔦屋。鱗形屋のほうが有利に思えるが、シェアを急拡大させたのは意外にも重三郎。蔦屋版の内容が、鱗形屋版よりわかりやすいことが好評となったようだ。

また、訴訟による評判失墜にともない、鱗形屋の経営が悪化していた影響もあるという。

蔦屋は鱗形屋版が再開した安永５（１７７６）年にも、吉原細見『名華選《めいかせん》』と『家《や》満人言葉《まとことば》』、翌年にも吉原細見『三津《みつ》の根色《ねいろ》』と『四季の太夫《たゆう》』を相次いで発行。一方の鱗形屋は徐々に衰退を見せ、天明3(1783)年ごろには、蔦屋が『吉原細見』を独占することになる。

『吉原細見』はベストセラーこそ望めはしないが、吉原が存続する限り需要がなくなることはない。

堅実な利益を約束された出版を経営基盤に置きながら、絵本、洒落本《しゃれぼん》(遊里文学)、華道書と書籍のジャンルを広げていき、蔦屋は江戸の一流版元へと成長していったのである。

重三郎を支えた副業

こうした小売と出版業のかたわらで、重三郎は貸本業も営んでいたことも注目すべき点だ。

購入するのが一般的だった書物だが、現在は電子版のマンガレンタルが普及しつつある。昭和初期から中期でも、貸本屋は人気を博している。江戸時代も、主流はレンタルだったのだ。

印刷技術の発達で生産数が伸びたとはいえ、手作業ではどうしても生産数に限界がある。１冊の値段も高止まりし、一般庶民にはなかなか手が出せなかったのだ。

子ども向けの絵本（赤本）なら、高くても10文《もん》程度と安い。しかし大人向けの草双紙や専門書は高額だ。

井原西鶴《いはらさいかく》の『好色一代男』は銀25匁《もんめ》、『いそほ物語（イソップ物語）』の和訳は３巻セットで銀２匁５分《ぶ》。大工の日給は多くて５匁４分だった当時においては、気軽に買えるものではない。そこで重宝されたのが貸本屋なのだ。

店や時代で異なるが、貸出料は新刊で約24文、旧刊約６文と、購入する10分の１以下の価格で読むことができた。貸本屋は実店舗だけでなく、ときには得意先を回って営業活動をおこなっている。文化５（１８０８）年の段階で、江戸の組合に加入しているだけでも貸本屋の数は約６５６軒。営業マン１人につき、１７０軒ほどの得意先をもっていたという。

重三郎も貸本業を並行して経営を成り立たせた。同時に、営業活動を通じて遊郭や茶屋との関係を密接にし、吉原の諸事情に精通したばかりか、遊女・文化人との縁も強まる。

重三郎が今後出版業を拡大していく際、貸本業で得た情報、販路、人脈は、大いに役立てられたのである。

田沼意次の政策と町人文化の全盛

江戸を包む文化的な解放感

蔦屋重三郎の前半生期。当時の江戸は未曽有《みぞう》の好景気だったとされている。農業振興を経済の中核としていた江戸幕府は、明和《めいわ》年間（1764〜72）より経済振興にも重きを置いた。経済発展は富裕層の増加につながり、町人社会における芸術と文化の活性化につながる。

町人文化の発展は封建的束縛への解放感をもたらし、社会にも自由な風潮が広まった。文学界では遊郭を題材とした洒落本が流行し、ユーモアあふれる黄表紙《きびょうし》も人気を博す。芸術では華美な錦絵が話題となり、吉原遊女を題材とした画集も数多く出版されている。

出版界では、重三郎以外にも永寿堂西村屋与八《えいじゅどうにしむらやよはち》、仙鶴堂鶴屋喜右衛門《せんかくどうつるやきえもん》、申椒堂《しんしょうどう》須原屋市兵衛《すはらやいちべえ》などの出版者が業界を盛り上げ、平賀源内、杉田玄白《げんぱく》、大田南畝などの知識人が、文学や学問の歴史に残る作品を次々と世に送り出した。江戸に蘭学塾が開設されたように、学問にも自由な気風が広まりつつあったのだ。

ただし、あくまでも封建制からの「解放感」でしかないために、社会の主導権は幕府のままだ。政治方針の転換で崩壊する危険は常にある。しかし、元禄年間に続いて庶民文化が興隆し、江戸が消費都市として成熟を極めたのが、重三郎が生きた時代であったことは事実なのだ。

田沼意次の経済改革

江戸の好景気はいかにしてもたらされたのか。

江戸初期から中期前半の江戸幕府は、農地開拓による年貢増徴《ぞうちょう》を財政の基盤としていた。しかし開拓可能な土地には限界があり、享保元（1716）年にはじまった享保の改革以降は、天災の多発で農村部の疲弊《ひへい》が進む。宝暦《ほうれき》年間（1751～64）には郡上一揆《ぐじょういっき》に代表される農民一揆が多発し、幕府財政も悪化の一途を辿っていた。

こうした時期に登場し、幕政を主導したのが老中、田沼意次だった。

9代将軍家重の側近だった意次は、宝暦8（1758）年に側用人《そばようにん》から1万石の大名に取り立てられる。家重亡きあとも10代将軍家治に信任され、明和6（1769）年に老中格となる。安永元（1772）年には相良《さがら》藩5万7000石の藩主となって老中を兼任。側用人から老中になったはじめての人物となった。

2代にわたって召し抱えられたのは、意次の重用を命じた父家重の遺言を家治が守ったためだという。そして将軍を後ろ盾として、意次は財政改革を主導することになる。

下総国《しもうさ》（現千葉県と茨城県）の干拓と新田開発を進めつつ、意次は商業にも目を向けた。土地開発は限界が近いものの、商業発展にはまだまだ余裕が残っていたからだ。

まず、各流通に組織された仲間組合制度により、営業の独占権を認める代わりに冥加金《みようがきん》（上納金）を幕府に納めさせた。この制度は享保の改革で実施されていたのだが、意次はこの仕組みをさらに強化したのである。これによって「株仲間」と呼ばれる組合は激増し、幕府も冥加金目当てに民間の献策に耳を傾けていく。

さらに、幕府は大坂が銀、江戸が金を主流としていた貨幣制度を見直し、明和2（1765）年に五匁銀を鋳造《ちゆうぞう》し、金と銀の公定価格を定め、その後、真鍮《しんちゆう》四文銭が発行される。ただし、こちらの質は良くはなかった。それでも鉄の大量需要を生み出し、鉱山開発の活性化にはつながったという。

これらに続いて、意次は「南鐐《なんりよう》二朱銀」という銀貨も発行し、金貨の単位である2朱と同じ価値で利用可能とする。当初は物価を混乱させたというが、やがて市場に定着していき、経済の円滑化を促進させたという。

そして、銅と俵物《たわらもの》（海産物）を輸出に振り向けた貿易の拡大、蝦夷地《えぞち》（現北海道）の開発と調査、白砂糖に代表される輸入品の国産化など、画期的な政策を次々と打ち出し、幕府の税収を改善しようとしたのである。

未曽有の田沼バブル

田沼の商業振興政策は、産業の発展と庶民の消費拡大につながった。人々の間には高級志向が広まり、ファッショナブルな服装を好むようになる。女性の髪結いが流行したのもこのころで、歌舞伎役者や吉原遊女の格好もブームとなり、絹織りの高級品がもてはやされた。武士の住居も高価な瓦屋根が流行り、その需要で職人・大工の仕事も増え、収入増で消費も増える。

この流れは当時の一例に過ぎないが、さまざまな業種で同様の流れが同時多発的に起きたことで、江戸はまれに見る好景気に突入していった。まさに、「田沼バブル」というべき状況だったのだ。

社会風俗には放任策が取られたこともあり、歌舞伎、俳諧《はいかい》、文芸、美術といった文化芸能も大きく発展した。「寄席《よせ》」が誕生したのもこの時代で、芸者も幕府高官の屋敷での宴会増加で誕生したとされる。

やがてカネと暇をもてあました有力商人は文人のパトロンとなり、著名な文化人が多数輩出されていったのだ。

意次が幕政を主導した期間は「田沼時代」とも呼ばれ、明和4（1767）年から天明6（1786）年まで続いたとする説が有力だ。まさしく、重三郎の全盛期と合致している。重三郎は、こうした文化興隆の波にうまくのり、文化人発掘と出版革命を成し遂げたのだ。

田沼時代の暗い一面

ただし、田沼時代は手放しで歓迎できる時代でもない。

行き過ぎた経済重視は役人と商人の癒着を生み、賄賂《わいろ》の横行と政治腐敗につながった。その賄賂を受け取っていた人間のひとりが、田沼意次であった。水野忠友のように、出世目当ての賄賂を噂された役人・幕臣も多数いたという。こうした汚職が、田沼の評判を落とす結果にもなっていく。

町人社会では、行き過ぎた高級趣向で収入以上の贅沢三昧《ぜいたくざんまい》をする者が後を絶たない。随筆『曲肱漫筆《きょくこうまんぴつ》』（作者不明）では、男女ともに身分不相応の格好をしていたり、武士や商人が収入に合わない贅沢をしていたりする様子を批判している。そんな収入を超える贅沢をどうやってしたかというと、借金であるという。

そして、最も悪影響を受けたのは農村だ。

都市圏から離れた農村部は商業発展の恩恵にあずかれず、加えて、多発し続ける天災で生活は困窮《こんきゅう》の一途を辿る。その対応も満足にはおこなわれなかったので、流入する農民で江戸の治安は悪化。農村でも、一揆や打ちこわしが相次ぐことになる。

さらに、急進的な田沼の政策に異を唱える旧勢力もまた存在し、経済発展とは裏腹に、政治と社会は不安定さを増していく。

これらが田沼時代の行く末、ひいては重三郎の人生に暗い影を落とすことになるのだが、このときは誰も知る由もなかった。

浄瑠璃ジャンルへの進出、富本節正本の刊行

大ブームとなった浄瑠璃

『吉原細見』に参入しつつ、蔦屋重三郎は他ジャンルの本も出版していった。そのうちのひとつが、「富本節正本《とみもとぶししょうほん》」である。三味線の伴奏に合わせて語る浄瑠璃にお

いて、富本節の詞章《ししょう》（語り）を記した書物が富本節正本だ。

田沼時代の江戸では、浄瑠璃が一大ブームとなっていた。火付け役となったのは、二代目富本豊前太夫《ぶぜんだゆう》である。富本節を用いた舞踊劇が人気を博し、江戸劇場街にて一世を風靡《ふうび》したのである。

さらには軽視されていたとされる三味線も、浄瑠璃人気の高まりで再評価が進み、演奏者に弟子入りする町人男性も現れたという。武士の界隈でも、富本節のうまい町人女性は無条件で奉公を許したといわれ、世間の熱狂は留まるところを知らなかったのである。

重三郎は、こうしたブームの過熱に目をつけた。流行が続けば続くほど、必然的に関連書物の需要も高まることになる。そこで富本節の正本と稽古本《けいこぼん》の出版権を得て、独自の書籍発行につなげようとした。

仮にブームが終わったとしても、富本節が続く限り、正本は永続的に改訂を加えながらも刊行される。つまりはジャンル自体が消滅しない限り、需要はなくならない。

『吉原細見』に続き、安定利益を約束された商品を独占するため、重三郎は浄瑠璃界にも進出したのである。

安永5（1776）年ごろ、重三郎は富本正本の版元組合に加入。はじめて組合から出版したのは、翌年11月の市村座《いちむらざ》上演「児華表飛入阿紫《ちごとりいとびいりぎつね》」で披露された舞踏『夫婦酒替奴中仲《めおとざけかわらぬなかなか》』だとされる。

当時の富本節正本は、高砂町伊賀屋勘右衛門《いがやかんえもん》と瀬戸物町村山源兵衛がシェアを握っていた。重三郎はシェア奪取のため力を注ぎ、表紙絵に北尾政演《まさのぶ》（後年に喜多川歌麿が担当）を起用し、装丁はシンプルながらもわかりやすい内容を心がけた。正本販売には、義理の親戚である千両役者・中村仲蔵《なかぞう》の協力もあったという。

こうした尽力もあり天明《てんめい》年間（1781〜89）には、富本節正本と稽古本《けいこぼん》も蔦屋の独占状態となったのだ。

軽んじられていた重三郎

「富本節正本」と『吉原細見』の2本立てで評判を高めた重三郎は、それらの利益で独自の出版を企てる。

安永6（1777）年には初の洒落本『娼妃地理記《しょうひちりき》』（朋誠堂喜三二《ほうせいどうきさんじ》作）を刊行し、文芸にも進出。ただ、鱗形屋が経営不振に陥った安永7（1778）年から翌年にかけては、まだ系列店だった蔦屋も営業ルートの断絶などのあおりを受けて、出版物も『吉原細見』1種、翌年も『吉原細見』1種と咄本《はなしぼん》（短い笑い話を集めた本）2種のみと、おとなしい結果となっている。

しかし、安永9（1780）年に入ると、それまでの停滞から一変して年15種もの書籍を世に出した。そのうち8種が大人向け草双紙の「黄表紙」だ。また、前述の洒落本の作者である朋誠堂喜三二など、鱗形屋の専属状態だった作者も引き抜き、出版規模は拡大を続けていた。

それでも、重三郎を軽んじる書物問屋も多かったようだ。

安永10年（1781）に出版された蔦屋版の『見徳一炊夢《みるがとくいっすいのゆめ》』（朋誠堂喜三二作）が黄表紙第1位となったところ、「なんだ外に板元《はんもと》もない様に、つた屋を巻頭とは」と通町組から嫌味を吐かれたと、黄表紙評判記の『菊寿草』（大田南畝著）に記されている。

同業者にとって蔦屋は、まだ吉原の小店舗でしかなかったのだろう。

ところが天明3（1783）年9月、重三郎は店を日本橋通油町《とおりあぶらちょう》に移転した。この町は、現在の東京都中央区日本橋大伝馬町《おおでんまちょう》にあたる。

重三郎は吉原の店舗を手代の徳三郎に任せ、地本問屋、丸屋小兵衛の店舗を買収して新本店としたのだ。地本屋としての蔦屋は、ここに完全な自立を果たしたのだ。

出版の中心地・日本橋

当時の日本橋は、江戸有数の豪商があつまる経済と情報の中心地だった。出版界を代表する地本問屋や書物問屋も集中し、流通・出版が最も発展した町でもある。なかでも代表的な版元が、須原屋茂兵衛《すはらやもへえ》と鶴屋喜右衛門だ。

須原屋は万治《まんじ》元（1658）年に通油町近辺の通一丁目で店を構え、江戸出版業界最大手の地位を築き上げた。以後、代々須原屋茂兵衛の名は受け継がれ、三代目は書物屋仲間の南組の独立に尽力したことでも知られる。

また、地本問屋の鶴屋は京都から通油町に出店し、錦絵や草双紙出版で名声を得た上方系の代表者である。

日本橋は、こうした江戸出版界の大物が軒を連ねる一等地でもあったのだが、必然的に競争も激しく、時流に乗れず廃業する店舗も多かったという。このような激戦区に、重三郎は進出したのである。

このとき、重三郎は33歳。吉原での開店から約10年目のことだ。その短期間で、重三郎は一流版元の仲間入りを果たしたのである。

なお、通油町進出に合わせて、両親を新居に呼び寄せたともいわれている。それから母親が死去する寛政4（1792）年までの約9年間を、日本橋でともに過ごしたようだ。ただし、父親がいつ亡くなったかはわかっていない。

天明狂歌ブームの火つけ役、狂歌師蔦屋丸

世俗を歌った狂歌の流行

田沼時代の流行文化には、浄瑠璃のほかに狂歌がある。短歌と同じ形式を用いつつ、滑稽《こっけい》要素や社会への皮肉など、世俗的な内容を詠むものだ。短歌集などに収録される通常の和歌とは違い、その場で詠み捨てられるのが暗黙のルールだったようだ。

狂歌は万葉集の時代から存在し、「狂歌」という名称が一般化したのは鎌倉・室町時代だという。戦国時代末期から江戸時代前期にかけては、都の貴族の間で流行していた。江戸中期に入ると大坂の有力商人層に波及し、明和年間（1764〜72）ごろには江戸でも大流行することになる。

火付け役とされるのは、狂歌師の唐衣橘洲《からごろもきつしゅう》だ。本名は小島源之助といい、江戸六歌仙のひとり内山賀邸《がてい》の弟子でもあった。

明和6（1769）年、小島邸で開かれた狂歌会が話題を呼ぶ。そこから江戸の

狂歌ブームの一翼を担った
四方赤良（大田南畝）

各所で狂歌の催しがおこなわれていく。天明年間（1781～89）に入るとブームは最高潮に達し、「連《れん》」と呼ばれる狂歌グループも多数組織された。

その中で「狂歌三大家」と呼ばれたのが、橘洲の四谷連《よつやれん》、四方赤良《よものあから》（大田南畝）の四方連、朱楽菅江《あけらかんこう》の朱楽連である。

武士や町人を問わず幅広く拡散した狂歌を、当然版元も見逃すことはなかった。天明3（1783）年の『狂歌若葉集』（唐衣橘洲編）と『万載《まんざい》狂歌集』（四方赤良編）の出版を皮切りに、各版元はこぞって狂歌本を多数出版。詠み捨てのルールも事実上なくなり、出版界隈でもブームは過熱していくことになるのだった。

重三郎、狂歌師となる

蔦屋重三郎も天明狂歌の熱狂を見逃さなかった。手はじめに選んだ方法は、狂歌師との信頼関係の構築だった。

天明2（1782）年には南畝や菅江らと吉原の大文字屋市兵衛《だいもんじや》の店で友好を深め、翌年も吉原五明楼《ごめいろう》主人宅にて狂歌師の集いを楽しむなど、積極的に交流を深めている。

さらに狂歌師の信頼を得るために、重三郎はふたつの手段をとった。まずひとつめは、歌会への参加と主催だ。

狂歌の歌会は単なる自作の発表会ではない。狂歌本に携わる戯作者《げさくしゃ》や絵師、版元も参加し、情報交換や相互交流をおこなった。いわゆる、文化サロンのような場であったのだ。

そこに集う優秀な狂歌師を引き入れる手段として、重三郎は歌会に参加し、あるいは自ら主催して彼らを囲い込んだのである。

そしてふたつめは、重三郎みずからも狂歌師になることだ。

版元のまま接すると、立場や状況が違うので十分に相互理解ができない。重三郎は本当の意味で仲間となるために、自分自身も狂歌師となったのだ。狂名は「蔦唐《つたのから》丸《まる》」。由来は当然、屋号の蔦屋である。

なお、曲亭馬琴《きょくていばきん》は『近世物之本江戸作者部類《きんせいもののほんえどさくしゃぶるい》』の中で、重三郎の歌は他人の代作だ、と証言している。しかし、重三郎はもともと俳諧を趣味とし、狂歌師の吉原連にも属していた。馬琴と重三郎は不仲だとする説もあり、この証言には疑問がもたれているという。

証言の真偽はともかく、重三郎は歌会などのイベントで狂歌師たちをあつめ、自分もともに歌を詠む仲間として交友関係を深めた。同時に、自身や参加者が詠んだ歌をまとめて書籍として出版した。

著名な版元による歌会の主催はたびたびあり、ブームに便乗して狂歌師を自称する商人も珍しくはなかった。しかし重三郎は吉原の環境と情報ネットワークを利用して、幅広く交流を深めていった。

この行動力がほかの版元との決定的な違いであり、のちの精力的な刊行活動と、戯作への進出につながっていくのである。

蔦屋の狂歌本出版攻勢

天明3（1783）年1月、前述の『狂歌若葉集』が近江屋本十郎など、『万載狂歌集』が須原屋伊八を版元として出版された。重三郎は、これより遅れた3月に狂歌手引書の『狂歌浜のきさご』を刊行している。

翌年には5種の狂歌集と『いたみ諸白《もろはく》』や『老莱子《ろうらいし》』などの狂歌本を発売。『老菓子』は赤良が手掛けたことで話題となったようだが、売り上げはさほどではなかったようだ。

このように、参入した直後、重三郎は強豪版元に後れを取っていた。巻き返しは天明5（1785）年からである。

この年、蔦屋から刊行された朱楽菅江編の『故混馬鹿集《ここんばかしゅう》』が、総合的な狂歌集として大ヒットを記録。『狂歌若葉集』『万載狂歌集』『徳和歌後《とくわかご》万載集』と並んで、天明狂歌五大選集の1冊に数えられるほどになった。なお残りの1冊は、2年後に蔦屋が刊行した『才蔵集《さいぞうしゅう》』（四方赤良編）である。

この天明5年には、重三郎主催の歌会での狂歌をまとめた『狂歌百鬼夜狂』や三大家が揃い踏みした『狂歌評判俳優風《わざおぎぶり》』も話題となっている。当時は南畝と橘洲の不仲が噂されていたので、ふたりの共撰《きょうせん》に人々は驚愕《きょうがく》したという。重三郎が間を取りもったというが、それを裏づける証拠はない。

だが、天明6（1786）年を境に狂歌ブームが下火になる。すると重三郎は、狂歌と浮世絵をミックスした狂歌絵本の『吾妻曲《あずまぶり》狂歌文庫』を出版。これもまたヒットする。

出版物のレパートリーの広さやジャンルの多さはもちろん、有名歌人を囲い込まれたほかの版元に打つ手はなく、狂歌界でも重三郎は大きく躍進していったのである。

業容拡大で江戸屈指の地本問屋へ

天明に流行した草双紙

狂歌本と並び、重三郎が注力したのが「黄表紙」だ。黄表紙とは、絵入り娯楽本である草双紙の1種。もっと詳しくいえば、18世紀後半から19世紀初頭までの草双紙を黄表紙といった。表紙が黄色だったので、そう呼ばれていたという。

中本《ちゅうほん》サイズ（現代のB6版とほぼ同じ）の5丁（表裏10ページ）を1冊として扱い、これを2冊から3冊、大作ならば5冊から10冊を1組としたのが、黄表紙の基本構成である。挿絵の周囲に文章を施した形式が特徴で、世相の風刺、パロディやユーモアが特徴であった。

草双紙は寛文年間（1661〜73）から発行された「赤本」をはじまりとし、当初は童話、絵解きといった子ども向けの内容だった。やがて延享《えんきょう》年間（1744〜48）ごろから演劇、戦記、伝記、仇討ち話など、広範囲の材料を扱う「黒本」「青本」

が刊行され、内容も大人向けへとシフトしていく。これらの名称も、表紙が赤色、黒色、萌黄色《もえぎ》だったことが由来だ。

そして安永年間（1772~81）から青本が黄表紙と呼ばれるようになり、やがて草双紙全体にこの呼び名が用いられたようだ。

戯作家が黄表紙制作を支え、流行に便乗して新たな顔ぶれも続々参加。天明初期には、黄表紙出版の最盛期を迎えることになった。

鱗形屋の衰退を狙った参入

黄表紙の流行を生み出したのは鱗形屋だった。安永4（1775）年に出版した恋川春町《こいかわはるまち》の『金々先生栄花夢《きんきんせんせいえいがのゆめ》』がベストセラーとなり、その後も次々と黄表紙本を刊行することになる。風刺を織り交ぜた笑いは江戸の人々に大うけし、鱗形屋は黄表紙業界の牽引役となっていく。

だがこの黄表紙も、『吉原細見』と同様に訴訟と経営不振で出版が厳しくなった。その隙を、重三郎は見逃さなかったのだ。

重三郎が黄表紙に参入したのは安永9（1780）年。この年に刊行した8種の黄表紙のうち、3種は朋誠堂喜三二の作品だ。

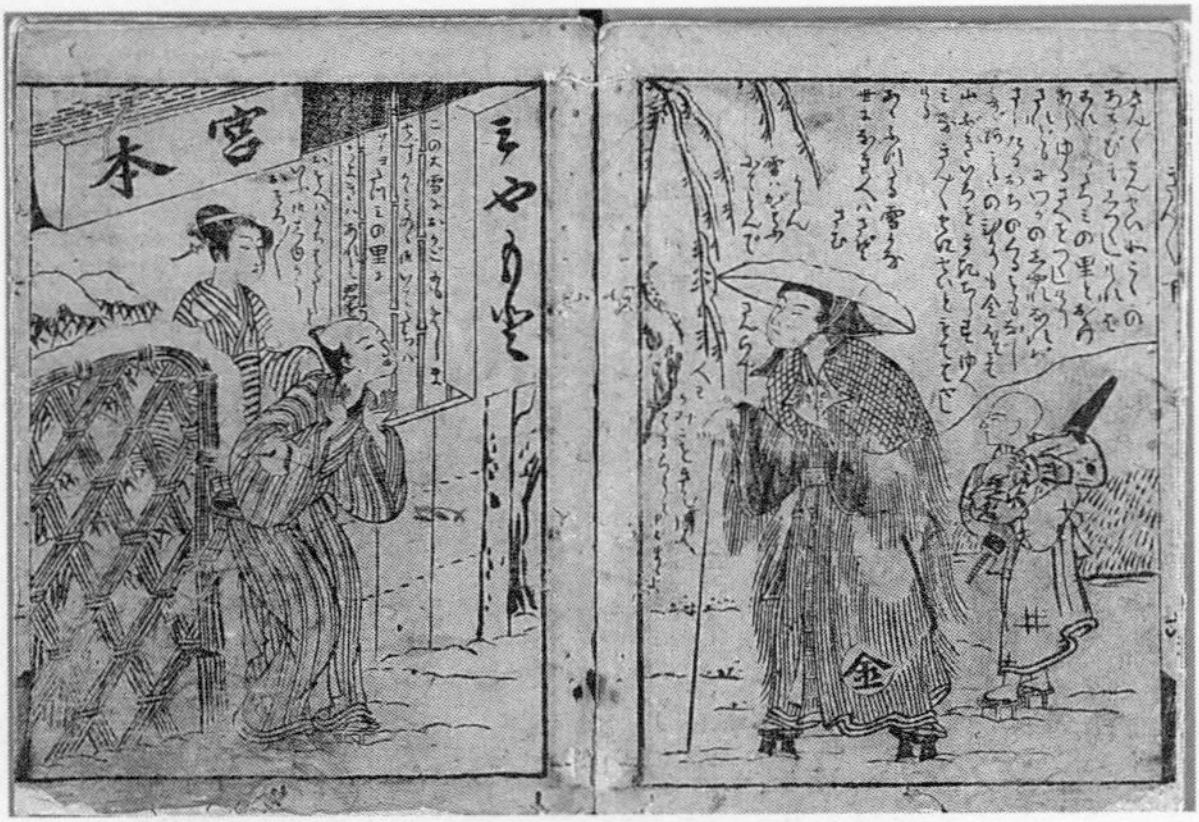

鱗形屋の刊行で大ヒットした黄表紙本『金々先生栄花夢』
（提供：国立国会図書館デジタルコレクション）

喜三二は安永６（１７７７）年の時点で蔦屋の洒落本や華道書を手掛けていたが、黄表紙は鱗形屋の専属状態であった。しかし、鱗形屋が経営危機で黄表紙出版を中断すると、仕事が激減してしまう。それを知った重三郎は、喜三二を引き抜いたのだ。

絵師は北尾重政を重用。このふたりを前面に出しながら、重三郎の黄表紙戦略は展開されていく。

黄表紙出版が江戸でピークを迎えたのは、天明３（１７８３）年から翌年にかけて。江戸の版元全体で、年間80冊以上が刊行された黄金期である。重三郎にとっては、通油町への本拠移転でさらなる飛躍を見せた時期でもある。

黄表紙全盛の中、重三郎は狂歌や錦絵の出版に力を入れる。その一方で、天明5（1785）年に山東京伝《さんとうきょうでん》の『江戸《えど》生《うまれ》艶気樺焼《うわきのかばやき》』を出版している。仇気屋《あだきや》の一人息子にして稀代の不細工の艶二郎《えんじろう》を主役としたコメディである。二枚目として艶聞を残そうと艶二郎が四苦八苦するさまが、江戸の人々に大いにうけた。主役のトレードマークである獅子鼻《ししばな》が京伝鼻と呼ばれたばかりか、遊郭でもうぬぼれた客を艶二郎と呼ぶほどの社会現象になったという。

黄表紙本のヒットで社会現象を起こした山東京伝

作者の山東京伝は、もともと版元鶴屋の専属作家であった。蔦屋の作品にも北尾政演の名で挿絵を手掛けていたのだが、天明年間（1781〜89）の前半から黄表紙作家として重三郎に協力している。吉原の環境を利用した引き抜き工作が仕掛けられたという説が有力だ。

この京伝作品以外にも、蔦屋は芝全交《ぜんこう》の『大悲《だいひの》千禄本《せんろくほん》』、唐来参和《とうらいさんな》の『莫切自根金生木』（きるなのねからかねのなるき）といった名作を発表し、現在も高い評価を受けている。このように、重三郎は黄表紙の世界でも影響力をもつようになった

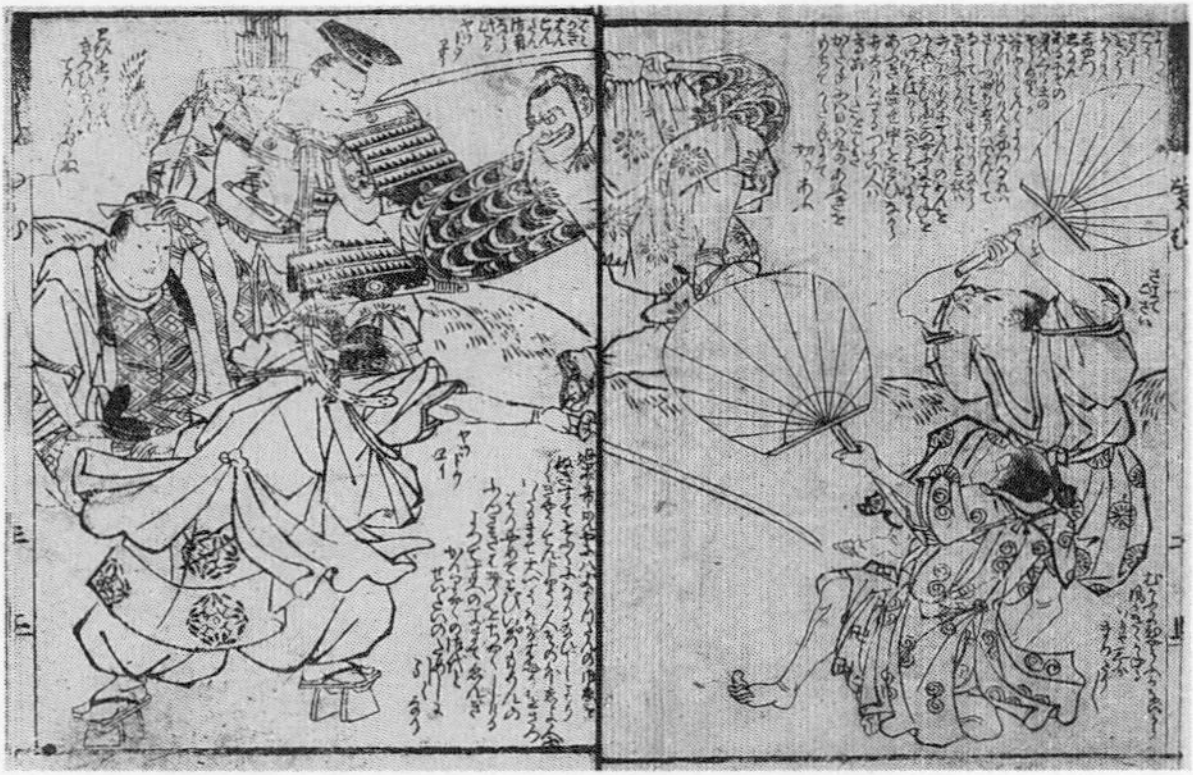

江戸の記録的ベストセラー『鸚鵡返文武二道』
寛政元(1789)年(提供:東京都立中央図書館)

のである。

洒落本界への進出強化

京伝の獲得は、洒落本への進出強化にもつながった。

洒落本とは、遊里における習俗、文化、流行などを細かく描写した小型本で、コンニャクに版型が似ていたことから「蒟《こん》蒻《にゃく》本」とも呼ばれた。江戸に定着したのは明和7（1770）年ごろとされ、安永から天明年間には著名な狂歌師や戯作者も多数手がけていた。

重三郎は安永9（1780）年、すでに洒落本を出しており、京伝の獲得はこの方面への強力な足がかりになった。

天明5（1785）年、洒落本におけ

る京伝の処女作『令子洞房《むすこべや》』が蔦屋より刊行された。翌年には『客衆肝照子《きやくしゆきもかがみ》』が世に出され、遊里の雰囲気や男女の心理的駆け引きを繊細な描写で表現した内容は評判を呼び、洒落本でも蔦屋は成功を収める。

その一方、社会では天明7（1787）年に田沼意次が老中を退き、松平定信による寛政の改革がはじまった。

重三郎は改革に対する否定的な空気をかぎ取り、改革開始の翌年に『文武二道万石通《ぶんぶにどうまんごくどおし》』（朋誠堂喜三二作）を出版。文武両道政策を皮肉った作品は大ヒットを記録し、寛政元（1789）年出版の『鸚鵡返文武二道《おうむがえしぶんぶのふたみち》』は1万5000部というヒットを記録する。江戸では10人に1人が購読した計算となる。

このように、重三郎は黄表紙の全盛期を支えたのである。

寛政の改革で取り締まりを受けた出版物

多発する災害と田沼時代の終焉

田沼意次の経済振興策で商業と文化は活性化したが、農村部との格差拡大や汚職による政治腐敗といった社会問題は続いていた。

当時の賄賂は謝礼の意味合いが強く、田沼時代以前から慣習化していたという説もある。しかし政策を主導した田沼と側近に賄賂が集中し、悪目立ちをしたことは否めない。しかも、冥加金を見返りとして役人と癒着《ゆちゃく》する商人も増加を続ける。

「一金、二筋、三勤」（出世のためには1が賄賂、2が人脈、3が勤務態度）

そんな標語も、武士の間で流行ったといわれている。

こうした悪評に追い打ちをかけたのが天災だ。

明和年間（1764〜72）末より続く異常気象と冷害で農村部は疲弊し、慢性化した凶作は「天明の飢饉《ききん》」を引き起こした。さらに追い打ちをかけたのが、天明3（1783）年3月12日の岩木山噴火、7月7日には浅間山が大噴火し、降灰と寒冷化で飢饉をより深刻なものとした。

江戸も流入する農民で治安は悪化の一途を辿る。米価の高騰で打ちこわしも全国で続発し、幕府財政も被災地支援と飢饉対策で減少を続ける。

人々は意次を社会不安のはけ口として嫌悪し、田沼政治は行き詰まりを見せたのである。

天明4年（1784）年3月24日、意次の嫡男田沼意知《おきとも》が旗本の佐野政言《まさこと》に襲撃され、8日後に死亡した。幕閣を側近で固め、意知を後継者とする準備を進めていた意次にとっては大打撃だ。動機は昇進を拒まれた政言の逆恨みだというが、詳しくはわかっていない。しかし、事件を知った庶民は、政言を「世直し大明神」として喝采《かっさい》を送ったという。

さらに後ろ盾だった将軍家治が天明6（1786）年に没したことにより、意次は老中から失脚したのだった。

寛政の改革のはじまり

田沼意次の退陣により、新たな老中に選ばれたのは松平定信である。8代将軍吉宗の孫であり、天明の飢饉では白河藩にて養父定邦《さだくに》のもとで他藩からの米買いつけと藩政改革をおこない、被害を最小限にとどめていた。その功績が幕府に認められ、天明7（1787）年に、徳川御三家と一橋家の徳川治済《はるさだ》の推挙で、老中首座となったのである。

旧田沼派の反発もあったのだが、就任前月の5月中旬に江戸・大坂で発生した最大規模の打ちこわし（天明の打ちこわし）により、有力者の多くが責任の追及で罷《ひ》免《めん》された。それによって反対運動は下火となり、定信は老中に就任する。

政権の主導者となった定信は、祖父吉宗の改革を参考にした幕政改革を進めていく。

諸大名と旗本には、3年間の倹約令を発布。治安問題については、石川島に人足《にんそく》寄場《よせば》をつくって刑期を終えた犯罪者などの職業訓練をおこなう。借金で困窮した武士の救済には、利子引き下げなどを命じる棄捐令《きえんれい》を発布。また、飢饉で大打撃を受けた農村復興策も推し進め、「七分積金《しちぶつみきん》」という救済積立金の貯蓄を各町村に命じることで、社会不安の是正を進めようとしていた。

ただ、通説では定信は田沼政策の多くを否定したとされていたが、現在では株仲間の存続や二朱銀の利用許可など、一部政策を流用したことがわかっている。

当然、町人社会にもメスが入る。天明9(1789)年には、町人の贅沢品を禁じる町触《まちぶれ》を出し、質素倹約を奨励《しょうれい》。翌年には、2月、5月、8月、10月と連続して、出版物の制作・流通規制も通達された。

おもな規制内容は、「奉行所の差図(指示)なき書物双紙の新規作成禁止」「時事物の禁止」「好色本の禁止」「異説、浮説、風刺の禁止」「華美な装飾の禁止」「作者不明の書物の売買禁止」「株仲間内での相互監視と自主規制の徹底」である。11月には奉行所にも監視と規制の徹底を命じ、出版規制の強化を目指した。

こうした一連の社会改革は、寛政年間(1789~1801)が中心だったことから、「寛政の改革」と呼ばれている。

本格化していく出版規制

定信の改革が本格化しはじめたのは、旧田沼派の一掃が終わった天明8(1788)年4月以降だ。当初は田沼政権の崩壊に歓喜していた民衆も、強まる規制に息苦しさを感じていったという。

「白河の 清きに魚も 棲みかねて もとの濁りの 田沼恋しき」

そうした落首も生まれたように、田沼時代を懐かしがる民衆もいたようだ。

重三郎が刊行した『文武二道万石通』(朋誠堂喜三二作)と『鸚鵡返文武二道』(恋川春町作)は幕政を批判した内容で、前述のとおり大きな成功を収めた。しかし、改革批判の風刺に定信は断固とした処置を取る。

2作はもちろん絶版処置。喜三二は幕府の処分を恐れた主家の命で執筆を自粛した。春町は病を理由に奉行所への出頭命令を拒否するが、寛政元年(1789)年7月に死亡。主家を巻き込むことを恐れての自殺ともいわれる。

当時は彼らのように、断筆や自殺をする作家が後を絶たなかった。それでも重三郎は、寛政3(1791)年に3作の洒落本を出版した。作者はすべて山東京伝だ。

この年の洒落本出版数は4作だったので、大半を蔦屋が占めたことになる。

ただ、洒落本も規制の対象なので、重三郎は『教訓読本』として売り出した。また奉行所の行司を取り込み出版許可も得るなど、抜け道を模索していたのである。

作者は手鎖、重三郎は罰金刑に

こうして出版された『仕懸《しかけ》文庫』『青楼《せいろう》昼《ひる》之《の》世界《せかい》錦《にしき》之《の》裏《うら》』『娼妓《しょうぎ》絹籭《きぬぶるい》』はたちまちにベストセラーとなったのだが、すぐさま幕府の目に留まった。重三郎と京伝は町奉行所への出頭を命じられ、同年3月に判決は下る。

まず、出版された3作は絶版処分。出版に協力した2名は軽追放《けいついほう》が言い渡され、京伝は手鎖50日の判決が下った。手鎖とは、両手に手枷《てかせ》をつけて一定期間謹慎する刑だ。

重三郎は、「身上半減の闕処《けつしょ》」になったと曲亭馬琴の『伊波伝毛乃記《いわでものき》』は記す。財産の半分没収という重罰なのだが、裁判当時、馬琴は江戸にいなかった。伝聞をまとめたに過ぎないとされ、信憑性《しんぴょうせい》はないという。実際は身上に応じた過料でしかなく、その金額は不明だが、店が傾くほどではなかったようだ。

「筆禍《ひっか》事件」と呼ばれる重三郎らへの処分は、ほかの版元・作家への見せしめでもあったという。通説ほどの罰金ではなかったにせよ、黄表紙と洒落本を封じられて、重三郎も路線の変更を余儀なくされていく。田沼時代に黄金期を迎えた出版文化は、一転して冬の時代を迎えたのである。

規制逃れからブレイクした歌麿と写楽

事業転換を試みる蔦屋

筆禍事件での処分を受けても蔦屋は存続したが、従来どおりの出版は難しかった。狂歌や黄表紙は規制の対象となる危険が大きく、山東京伝などの主力作家も多くが活動を自粛したからだ。

その苦境は出版数にも表れ、寛政2（1790）年は年間20種を超えていたが、事件後の寛政3年には10種に半減している。寛政5年以降は既存本の再販が目立ち、寛政後期には版権も一部売却されたようだ。実際、寛政9年には、蔦屋が版権をもっていた『絵本武将一覧』などが、大坂の萬英堂和泉屋源七の店などで刊行されていたという。

訴訟の悪評で大打撃を受けた鱗形屋のように、蔦屋も苦境に立たされていたので

俳諧絵本『青楼美人合姿鏡』、安永5（1776）年
（提供：国立文化財機構所蔵品統合検索システム）

ある。

事業転換を余儀なくされた重三郎は、浮世絵に活路を見いだした。浮世絵とは、江戸時代における風俗画をいう。多色を用いた木版画刷りのものは「錦絵」と呼ばれ、天明末期から寛永中期にかけて大流行した。

実は、重三郎は筆禍事件の前から錦絵の出版にも手を出し、すでに下地は整えていた。黄表紙は挿絵の重要度も高かったので、多くの絵師を獲得。北尾重政、北尾政演（山東京伝）、栄松斎長《えいしょうさいちょう》喜《き》などの有名絵師とつながりをもち、安永5（1776）年には山崎屋金兵衛と合同で、俳諧絵本『青楼《せいろう》美《び》人《じん》合《あわせ》姿鏡《すがたかがみ》』（北尾重政・

勝川春章《かつかわしゅんしょう》画）を刊行している。

錦絵の出版権を得た天明3（1783）年ごろからは、黄表紙・狂歌本と併行して錦絵の出版に取り組んでいき、代表的な作品には『青楼仁和嘉女芸者部《にわかおんなげいしゃのぶ》』（喜多川歌麿画）がある。

このように、黄表紙の弾圧後も絵師とのつながりは保たれていたため、重三郎が錦絵・浮世絵を突破口としたのは必然の流れだったといえよう。

トップに対抗するための差別化

蔦屋の絵画攻勢にて、中核を担ったのが喜多川歌麿《きたがわうたまろ》だ。

安永4（1775）年に「北川豊章《とよあき》」の名で浮世絵師となった歌麿は、西村屋与八のもとで黄表紙の挿絵を手掛けていた。ただ、蔦屋に鞍替えした時期と理由は不明である。しかし、天明元（1781）年より重三郎のもとで黄表紙『身貌大通神略縁起《みなりだいつうじんりゃくえんぎ》』（志水燕十《しみずえんじゅう》作）の挿絵を描いているので、それまでに蔦屋の傘下《さんか》となった可能性は高い。

そして、この黄表紙から「歌麿」と名乗ることになる。以後、山東京伝としての執筆活動にシフトした北尾政演に代わって挿絵を手掛けつつ、錦絵や狂歌本などで蔦屋を支えることになる。まさに歌麿は、蔦屋の浮世絵における稼ぎ頭だったのだ。

しかし、当時の浮世絵界でトップに立っていたのは鳥居清長《とりいきよなが》だった。清長は安永10年（1781）から西村屋与八と協力関係を結び、幾多の美人画を手掛けた浮世絵界のスターだ。天明年間（1781～89）には清長の美人画がブームとなり、洒落本『狂訓彙軌本紀《きようくんいきほんぎ》』（中井董堂《とうどう》作）でも、浮世絵師の番付で清長を3番目に選出している。なお、歌麿は5番目だった。

清長に対抗するため、重三郎は差別化路線を取る。天明末期から寛政初期に制作された『当世踊子揃』では、人物の上半身だけを描いた形式を取った。これは役者絵で用いられた「大首絵」の形式を応用したものだ。

全身画を得意とした清長に、「美人大首絵」と呼ばれた技法による差別化で反撃したのだ。

蔦屋で歌麿が手掛けた美人画はおおむね3種類。ひとつは世間で評判の女性を描いたもの。ふたつめは有名な吉原遊女を紹介するもの。そして3つめが、女性の内面的な美しさを表現しようとした意欲作だ。

重三郎と歌麿の目論見は見事成功した。寛政初期は清長一強への飽きも強かったといい、新機軸を利用した歌麿の美人画は評判となったのだ。なかでも吉原遊女を題材とした浮世絵はカタログとしても機能し、妓楼からの資金援助も受けたという。たちまち重三郎と歌麿のコンビは浮世絵界のトップに立ち、独走状態が続いたのである。

東洲斎写楽と役者絵への進出

しかし、歌麿は蔦屋から距離を置くようになる。原因とされるのが東洲斎写楽《とうしゆうさいしやらく》だ。美人画で成功した重三郎は、次に役者絵への参入を目指して写楽を絵師として起用した。ふたりがいつ親交を深めたのかはわかっていないが、寛政6(1794)年より作品を蔦屋から出版しているので、それ以前にかかわりをもったのは確実だろう。

当時の歌舞伎は「寛政の改革」による規制と社会への抑圧で業績不振が続いており、重三郎はそこに目をつけた。そのため、業界の活性化という名目で支援を募り、写楽の役者絵を販売したとされている。

大首絵に複数人を描写するなどの新機軸は、賛否両論ながらも話題を呼び、低迷していた役者絵全体の数の底上げにもなった。

だが、この写楽傾倒が不信につながり、歌麿はほかの版元の仕事を優先しはじめたとする。ただ、写楽の起用前に他版元からの苛烈《かれつ》な引き抜き攻勢があり、歌麿は蔦屋を離れたとする説もある。

写楽も140点以上の作品を発表したが、その売り上げは芳しくなく、10か月で活動を終えている。役者絵への進出は、いまひとつの結果に終わったのだった。

出版王・重三郎の最期と蔦屋のその後

巻き返しを模索する重三郎

寛政の改革を主導した松平定信は、寛政5（1793）年に老中の座を退いた。11代将軍家斉《いえなり》とその父治済《はるさだ》の確執に巻き込まれたとされている。

蔦屋重三郎の浮世絵攻勢は、定信辞任による規制緩和を見越してのものだという。しかし、改革は後任の松平信明が引き継ぎ、ほかの側近も定信お墨付きの人材だった。「寛政の遺老」と呼ばれた後任たちは規制強化をいっそう進め、寛政7（1795）年9月には、販売価格20文以上の浮世絵の販売停止を町触（通達）した。

こうした規制強化と写楽の実質的な断筆が合わさって、重三郎の浮世絵展開は停滞することとなった。

以降の重三郎は、俳諧書などの大衆本を主軸としつつ、歌麿との関係改善を模索している。どんな接触をしたかは定かでないが、歌麿は寛政7年より『青楼十二時《せいろうじゅうにとき》』『六玉川《むたまがわ》』『名取酒六歌撰』などの作品を蔦屋から発表しており、一定の歩み寄りはできたようだ。

また、重三郎による新しい才能の発掘も続いていた。

この時期に抜擢《ばってき》された人材といえば、曲亭馬琴と十返舎一九《じっぺんしゃいっく》だろう。馬琴は蔦屋の番頭として黄表紙制作にかかわっていた。一九も食客《しょっかく》として用紙の加工などの作業をまかされ、寛政7年からは『心学時計草《しんがくとけいぐさ》』をはじめとする黄表紙を出版している。

馬琴はのちに『南総里見八犬伝《なんそうさとみはっけんでん》』を執筆し、一九も江戸後期の草双紙と浮世絵界で活躍する逸材だ。ふたりの才能を、重三郎は見いだしたのである。

さらに重三郎は、寛政3（1791）年に獲得した書物問屋仲間の株を利用して、関西方面への事業拡大も模索していた。これが本格化されていれば、従来の株仲間の枠組みや地方の垣根を超えた、より広範囲のビジネスが実現されただろう。

だが、事業拡大の計画は中途で終わった。寛政8（1796）年に、重三郎が病で倒れたからだ。

稀代の編集者・蔦屋重三郎の最期

『近世《きんせい》物《もの》之《の》本《ほん》江戸作《さく》者《しゃ》部《ぶ》類《るい》』（曲亭馬琴作）によると、重三郎の病名は脚気《かっけ》だったという。

脚気は、ビタミンB_1の不足で起きる病気だ。当時の江戸の人々は白米偏重の食事で、時代や身分によって異なるが、庶民でも1日平均4～5合は食べたという。そのせいで栄養が偏り、脚気にかかる者が続出していた。

ただ、江戸以外では玄米や雑穀が中心だったので、脚気にはかかりにくい。江戸を離れると治ることから「江戸わずらい」とも呼ばれたという。

重三郎も江戸住まいだったうえに、吉原接待で贅沢な食事をしていたのだろう。その結果として重度の脚気になったようだが、心臓の病だったとする説もある。

どちらにせよ、重三郎の病状は回復せず、寛政9（1797）年3月に見舞った大田南畝も、「病気未だ全快せざる也」と証言している。

そして5月6日、重三郎は重篤《じゅうとく》な状態に陥った。死期を悟った重三郎は、集まっていた親族縁者に、「自分は午《うま》の刻（正午ごろ）に死ぬ」と予告。死後の蔦屋に関する指示や妻子との別れを済ませ、最期の時を待った。

ところが予告の時間になっても死は訪れず、重三郎はこう語りながら笑ったという。

「人生は終わったはずなのに、まだ拍子木《ひょうしぎ》が鳴らないな。どうしてこんなに遅いんだ」

歌舞伎の終了を告げる拍子木を死期にたとえた、重三郎らしい「イキ」な一言だ。

それを最後に重三郎は何も話さず、夕刻に息を引き取った。享年48であった。

初代死後の蔦屋の顚末

重三郎の遺体は、吉原に近い山谷の正法寺に葬られた。子どもはいなかったので、番頭の勇助が2代目蔦屋重三郎として継ぐことになる。だが、2代目は初代のように情熱的な出版活動はほとんどしていない。

蔦屋が代替わりする前から、出版規制はさらに厳しさを増している。それは、時事を伝える瓦版も規制対象に含まれた。

寛政12（1800）年、版木師の清八と宇兵衛が大坂表《おもて》（行政）の時事ネタを掘りたてた本を売り歩いていたところ、町奉行所から異説珍事の板行にあたるとして江戸から追放された。享和2（1802）年には『小冊物四拾五通』という洒落本シリーズが一括絶版。文化2（1805）年には、江戸谷中《やなか》日蓮宗延命院事件を題材とした『観延政命談《かんえんせいめいだん》』の作者品田郡太が江戸払いとなったばかりか、賃貸に加担した貸本屋15名も手鎖刑となっている（観延政命談一件）。

2代目重三郎も、享和2年に葛飾北斎の狂歌本『潮来絶句集《いたこぜっくしゅう》』を出版した際に、華美な装丁を咎《とが》められて絶版となっている。

こうした状況では、出版事業の継続は難しいと判断したのだろう。2代目重三郎は出版事業を縮小させ、文化10（1813）年には通油町から両国横山町1丁目に移転。さらに文政5（1822）年には、小伝馬町2丁目、天保4（1833）年に浅草寺中梅園院地借市右エ門店に移り、幕末の4代目の時代に蔦屋は消滅した。

蔦屋系列の書店は残っておらず、現代のTSUTAYAや蔦屋書店は、創業者祖父の芸者置屋が由来で重三郎とは関係がない。

それでも蔦屋重三郎が安永から天明期の出版業界をリードし、彼の残した幾多の新機軸と逸材が、日本の出版・文学史に多大な影響を与えたことは確かである。

2

蔦重がヒットメーカーになれた理由とは

彼に見出され、育てられた才人たち――

生涯の相棒となったヒットメーカー山東京伝

18歳で画家、20歳で作家デビュー

蔦屋重三郎の盟友として、ともに数多くヒット作を生み出したのが、戯作者《げさくしゃ》・山《さん》東京伝《とうきょうでん》である。宝暦11（1761）年に深川木場《ふかがわきば》（現江東区）の質屋、岩瀬伝左衛門の長男として生まれ、幼名は甚太郎、のちに伝蔵。長じてからの本名は醒《さむる》、または田臧《のぶよし》とする。

裕福で、しかも芸術に理解がある両親のもとで育ち、9歳で寺子屋へ入学。14歳で長唄や三味線を習う。そして15歳で浮世絵師・北尾重政に入門。絵だけでなく俳諧にも長けた知識人、重政を師にもったことで、京伝の才能は大きく開いたといっていい。つまり重政は、京伝の文章と絵、両方の才能を伸ばしていったのだ。

安永7（1778）年、18歳のときに北尾政演《まさのぶ》の名で黄表紙『お花半七開帳利益札遊合』の挿絵を手掛ける。さらに2年後には、黄表紙『娘敵討古郷錦《むすめかたきうちこきょうのにしき》』『米饅《よねまん》頭始《じゅうのはじまり》』の2作品で作家としてもデビューする。これらが当時文壇の指導者的存在だった大田南畝《なんぽ》に最高評価を受け、京伝は花形作者に躍り出た。京伝というペン

ネームは、この作品が初出だ。

ちなみに「京伝」は、当時の彼の本名「伝蔵」と、当時住んでいた「京橋」を合わせたもので、名字の「山東」は京橋が江戸城紅葉山の東にあったことが由来とされている。

粋を存分に披露した遊び上手

北尾重政が重三郎とつながっていたことから、京伝と重三郎は出会う。

京伝は、吉原の流儀や粋な遊び方もよく知っていた。なぜなら、京伝が生まれ育った深川には「深川七場所」と呼ばれる岡場所（非公認遊郭）があったからだ。幼いころから岡場所の賑わいを知っていた京伝は吉原にもすぐ馴染み、よく出入りしていたのである。

吉原育ちの重三郎と京伝は意気投合し、天明2（1782）年には大田南畝、恋《こい》川春町《かわはるまち》、唐来参和《とうらいさんな》も加えて吉原で会する。山東京伝と本格的に称したのは、これ以降のことだ。

天明4（1784）年には、耕書堂《こうしょどう》から作品集『吉原傾城《けいせい》新《しん》美《び》人《じん》合《あわせ》自《じ》筆《ひつ》鏡《かがみ》』を刊行。これが大きな話題となり、その後も数々の洒落本《しゃれぼん》を重三郎のプロデュースで出版することとなる。なかでも天明6（1786）年刊行の『通言総籬《つうげんそうまがき》』は、洒落本の頂点とも評されている。

良家の子息という育ちが良い方向に出て、京伝はだれからも好かれる温かな人柄だったという。そのうえ緻密な人間観察力をもっており、それらがにじみ出た作風は江戸の町人文化のニーズに合った。次第にあらゆる版元からひっぱりだことなり、重三郎も彼の本の出版をめぐり、ライバルの鶴屋喜右衛門と競うこともあったという。

さらに京伝は重三郎とともに、多くの狂歌師や浮世絵師、戯作者とつながった。そのなかでも曲亭馬琴《きよくていばきん》は24歳のとき、京伝に弟子入りを志願。断られはしたものの京伝は家に出入りすることを許し、葛飾北斎《かつしかほくさい》との縁をつないでいる。

つき合いは「淡く」が好みで、友人との飲食では京伝は必ず出席者で均等に割った。現代でいう割り勘だが、当時は代表者が払うのが一般的だったので珍しく、これは「京伝勘定《かんじよう》」と呼ばれたという。京伝とよく行動をともにした馬琴は、京伝が金を惜しんだからではなく、仲間と金銭のもつれが出るのを嫌ったからだ、と自身の著に書き記している。

京伝が日本橋の煙草入れ屋を描いた『山東京伝の見世』。
右奥で吉原の遊女と京伝が会話している

創作だけでなく商売にも才能を発揮

人脈にも恵まれ、早くもマルチな才能を開花させていた、順風満帆《じゅんぷうまんぱん》な彼の創作人生。しかしそれを大きく狂わせたのが、寛政の改革だ。

天明7（1787）年には出版統制令が発令され、3年後には、「みだらなことや異説が書かれた本は厳重に取り締まる。好色本《こうしょくぼん》は絶版」と増補された。このことで、多くの好色本、洒落本を出版していた重三郎と京伝は、幕府から目をつけられてしまったのである。

寛政3（1791）年、ついに京伝は、『仕懸《しかけ》文庫』『青楼《せいろう》昼《ひる》之《の》世界《せかい》錦《にしき》之《の》裏《うら》』『娼妓《しょうぎ》絹籭《きぬぶるい》』の3冊で、風紀を乱す本を記した罪として両手首に鎖をはめられる、手鎖50日の刑を受けることになってしまう。この事件が相当こたえたようで、京伝は一度筆を置いた。

ところが、この出版統制は翌年に緩和《かんわ》され、洒落本も復活。さらに寛政の改革の実行者である松平定信は、引退後に京伝のファンとなり、『吉原十二時絵巻《よしわらじゆうにときえまき》』の詞書《ことばがき》を京伝に依頼するほどだった。

京伝はベストセラー作家であったと同時に、現在でいうマルチクリエイターでもあった。非常に商売上手で、処罰後は京橋（現中央区）に紙製煙草入れ店をオープン。自ら煙草入れをデザインし、これが「京伝好み」と呼ばれて大繁盛している。

そして京伝は、愛妻家としても有名であった。19歳のときに吉原扇屋の遊女・菊園と知り合い、以来約10年間、客と遊女ではなく本気の恋人関係となる。扇屋の抱え主も認知するほどで、菊園が満期となったのを契機に親の反対を押し切って、めでたく結婚。寛政元（1789）年、京伝は29歳だった。しかし菊園は、京伝が煙草入れ屋を開いた寛政5（1793）年の冬に病死。たった3年の結婚生活で、京伝の落ち込みはたいへんなものだったという。

京伝は40歳のとき、吉原の遊女、玉の井を落籍《らくせき》して妻に迎えている。玉の井の妹と弟も引きとり、その後は吉原通いもやめ、温かい家庭をつくったという。

一度は黄表紙《きびょうし》から遠のいていたが、重三郎の説得で創作を復活。しかし寛政の改革の一件は京伝の心に大きな影を落としたままで、元来の気風のよさは失われた。晩年は、考証研究に没頭し、『忠臣水滸伝《ちゅうしんすいこでん》』などをヒットさせている。

そんな京伝は文化13（1816）年、56歳で死去。後妻の玉の井は、その1年後に精神を病んで命を落としたとされる。このことからも、京伝がいかに愛されていたかがうかがえる。

吉原での豪遊や身請けには大金を使うが、普段の生活は質素で、文机《ふづくえ》は寺子屋に通いはじめた際、親に買ってもらったものを使い続けたという。豊かな才能に恵まれ、遊び方を知り、人情も深い。金の使いどころもわかっている。京伝は江戸の流行の最先端を担った、最高の「粋人」であったようだ。

大田南畝と狂歌師ネットワークの交流

蔦重を支えたマルチクリエイター

蔦屋重三郎の狂歌展開を支えた作家といえば大田南畝だ。

本名は大田直次郎。蜀山人《しょくさんじん》の号をもち、狂歌では四方赤良《よものあから》、戯作は山手馬鹿人《やまのてのばかひと》、狂詩では寝惚先生《ねぼけせんせい》と、ジャンルごとにさまざまな名を使い分けた、江戸中後期屈指の文化人でもある。

南畝は寛延2（1749）年に、江戸牛込中御徒町《うしごめなかおかちまち》（現新宿区）で生まれた。父親の大田吉佐衛門正智は幕府の御徒で、幕臣ではあるが下級武士にあたる。父の身分が低いために、幼い南畝は貧しい生活を過ごしたという。

教育熱心な母の方針で、南畝は8歳から多賀谷常安のもとで漢文素読を学んでいる。15歳のときには江戸六歌仙のひとり、内山賀邸《がてい》の門下生として国学や漢詩などを学び、山崎景貫《かげつら》（朱楽菅江《あけらかんこう》）、小島源之助（唐衣橘洲《からごろもきつしゅう》）らと親交を深めた。

明和4（1767）年、『寝惚先生文集』を刊行し、狂詩家としてデビュー。この刊行には、平賀源内《ひらがげんない》の支援もあり、源内は序文も寄稿している、

明和5（1768）年には家督を継いで幕臣となり、その翌年に『売飴土平伝《あめうりどへいでん》』で滑稽本《こっけいぼん》にも進出。狂歌師に進出したのも、明和6（1769）年ごろとされる。この年、南畝は唐衣橘洲の歌会に初めて加わり、四方赤人（四方赤良）という狂名を名乗っている。

それ以降10年近く執筆活動は下火となるも、安永4（1775）年の洒落本『甲駅新話《こうえきしんわ》』で戯作と黄表紙への進出も開始した。そして天明3（1783）年、最初

の狂歌集である『万載《まんざい》狂歌集』を編纂《へんさん》したのである。

橘洲が発表した狂歌集『狂歌若葉集』に対抗したというこの一冊は、編纂《へんさん》内容のわかりやすさと優れた批評内容で絶賛を浴び、天明狂歌ブームの火付け役となる。

黄表紙の作家や評論家としての活動も進み、江戸のマルチクリエイターとして存在感を強めていったのである。

南畝の狂歌師ネットワーク

そんな南畝と重三郎の接点は、天明元（1780）年にまでさかのぼる。

この年の正月、南畝が耕書堂から刊行した黄表紙評判記『菊寿草』で朋誠堂喜三二《ほうせいどうきさんじ》の作品を絶賛したことへのお礼と称して、重三郎は南畝の大田宅を自らたずねている。このことは南畝の日記『丙子掌記』に記されているが、これは重三郎が南畝と接点をもつための方便とする説もある。

安永末期から天明初頭の重三郎は、黄表紙出版に進出したばかりだった。新事業を軌道にのせるため、南畝の獲得に動いたというわけだ。ただ、安永9（1780）年に蔦屋が出した『虚言八百万八伝《うそはっぴゃくまんぱちでん》』（四方屋本太郎《よもやほんたろう》作）を南畝の戯作とする説があり、安永後期にはふたりの関係が結ばれたともいわれている。

南畝の強みのひとつは、狂歌・文化界隈における人脈の広さにもある。

南畝は賀邸門下の時代に同門の歌人文人と関係を結んだだけでなく、歌会へも積極的に参加。自らもイベントを数多く開いていた。こうした活動を通じて、文化人のネットワークを広げていたのが南畝の強みであった。

たとえば、安永8（1779）年8月13日から17日まで、高田馬場でおこなわれた月見の宴では南畝の呼びかけで多数の著名人が集まっている。菅江、橘洲、相場高保、元木網《もとのもくあみ》などの狂歌界隈の大物はもちろん、俳諧人や歌人、漢詩人など多種多様な文化人が連日詰めかけ、その数は70名にも及んだと、南畝の編んだ狂歌集『月露草』の月見の節で語られている。

この南畝を囲い込めば、黄表紙・狂歌の分野の強化と同時に、南畝を介して狂歌ネットワークに参入できる。重三郎にとっては、まさに垂涎《すいぜん》ものの人材であった。

南畝を獲得するため、重三郎は歌会や吉原での接待攻勢をかけた。そのかいあって、天明2（1782）年にも、評判記『岡目《おかめ》八目《はちもく》』が刊行されている。

なお、重三郎が山東京伝を見いだしたのは、南畝が『岡目八目』にて京伝の作品を絶賛したことがきっかけだという。南畝の影響力によって、次なる主力を早くも獲得できたのだ。

執筆の休止と幕臣としての最期

それ以降も南畝は狂歌集の編纂・考証に関わり、狂歌絵本『絵本八十宇治川《やそうじがわ》』（北尾重政画）に四方山人の名で序文を送っている。重三郎との私的な関係も続き、天明2年の末には、菅江、恋川春町、北尾重政、山東京伝、唐来参和らと重三郎宅で河豚汁《ふぐじる》を御馳走になっている。

こうした交流を通じて、重三郎は文化人との人脈を広げていった。まさに南畝は、人材確保の方面でも重三郎に貢献していたのである。

しかし、ほかの専業作家とは違い、南畝の本分は幕臣だ。田沼意次の失脚と寛政の改革による出版規制、パトロンの勘定組頭《かんじょうくみがしら》土山宗次郎《つちやまそうじろう》の刑死により、南畝は天明7（1787）年の『狂歌才蔵集』をもって執筆活動を休止した。重三郎との縁も、ここで途切れることになる。

その後は幕臣として学問詩文の研鑽《けんさん》を重んじつつも、享和《きょうわ》元（1801）年の大坂出向を機に蜀山人の名で狂歌活動を再開、歌会にも顔を出すようになる。それでも往年ほどの人気はなく、文政6（1823）年にこの世を去った。享年75。

その数日前から芝居やヒラメ料理を満喫し、歌を残して逝くという、文人らしい享楽的な晩年だったと伝えられている。

蔦屋出世作の立役者・北尾重政

1枚の錦絵より挿絵を好んだ浮世絵画家

北尾重政は、元文4（1739）年、江戸の小伝馬《こでんま》で出版や本の販売に携わる書《しょ》肆《し》、須原屋三郎兵衛の長男として生まれた。そのため幼少時代から、絵本や書物に囲まれて、自然とそれらを楽しむという文化的な環境で育っている。その中で重政は、自然と絵に興味をもつようになる。そして特定の師事をあおぐことなく、独学で浮世絵画家として名を馳せていくのだった。

また、時代も重政を後押しした。明和2（1765）年から翌年にかけて、錦絵の技法が確立され、需要が増えていったのだ。ただ、重政はそれまでの錦絵と違い、肉付きや頭身をリアルに描き、当時の女性たちの文化や流行を積極的に取り入れた。この、時代を絵に封じ込めるような肉厚の画風は、浮世絵界に新風を巻き起こしたのだ。

蔦屋重三郎と重政がタッグを組んだ最初の1冊は、安永3（1774）年刊行の、遊女評判記『一目千本《ひとめせんぼん》』、別名『華《はな》すまひ』である。この本で挿絵を担当した重政は、

北尾重政の代表的な美人画『芸者と箱屋』

すでに浮世絵師として江戸随一の人気を誇っていった。当時独立版元としてスタートしたばかりの重三郎にとって、重政と仕事ができたことは大きな自信に結びついたことであろう。

そもそも重政自身は、1枚の錦絵より挿絵の仕事を好んで選んだ。これは、本に囲まれて育った環境が大きく影響しているとも考えられる。

錦絵が全盛期を迎えると、絵師は錦絵に注力するようになり、挿絵は駆け出しの若輩が担当することが増えた。それでも重政は、重三郎の刊行するさまざまな本に挿絵を描き続けている。とくに勝川春章《かつかわしゅんしょう》との競作による、錦絵本『青楼美人合《せいろうびじんあわせ》姿鏡《すがたかがみ》』は大きな評判を得る。各妓楼《ぎろう》自慢の名妓たちが、季節の風物とともに琴や書画、歌に励み、香合《こうあわせ》、すごろく、投扇興などに興じる姿を描き、巻末には彼女らの作による発句が掲載されている豪華本である。

このヒットにより、版元3年目の駆け出しだった重三郎は、一気に江戸に名を馳せることになるのだから、重政はまさに恩人である。

そのほか、男女の情交を絵と文章で表した「艶本《えんぽん》」や黄表紙などは、250以上の挿絵作品が残っている。子どもが文字を覚えるための絵本や学術書も書き、こちらも評判を得た。

新たな才能の育成で重三郎をサポート

重政の才能は絵だけではなく、俳諧や書道にも至った。とくに俳諧においては、俳名を「花藍《からん》」と名乗り、多くの名作を残している。

しかし重政が重三郎にもたらした功績は、自身の芸術だけではない。新たな才能の育成をおこなったことが、何よりも大きい。

重政は人柄にも優れ、豊かな知識と指導力があった。そんな重政のもとには、階級を超え、文化的才能がある若者が多く集まったのである。そして重政は「北尾派」を立ち上げ、多くの門下生たちが才能を開花させていった。北尾派の画家たちは、重政のもつ江戸の風俗や日常をテーマに取り組み、鮮やかな色より、比較的落ち着いた色が多い傾向にある。

主な弟子には山東京伝のほか、鍬形蕙斎《くわがたけいさい》（北尾政美《きたおまさよし》）、窪俊満《くぼしゅんまん》がいる。喜多川歌麿《きたがわうたまろ》は正式な門下生ではなかったが、重政が弟子と同じようにかわいがり、その才能を伸ばしていった。天明6（1786）年に重三郎のもとから刊行した狂歌絵本『絵本八十宇治川《やそうじがわ》』『絵本吾妻抉《あずまからげ》』『絵本江戸爵《すずめ》』のうち、前者2作は重政が絵を描いているが、『絵本江戸爵』は歌麿が描いている。

こうして、育った弟子たちのほとんどは、その後重三郎のもとで活躍し、江戸の出版発展に大きく寄与していく。名が売れても挿絵の仕事に携わる重政のおかげで、挿絵画家全体の平均画料（ギャランティ）が上がったという説もある。

死後、浮世絵の評価に影響

重三郎のよきビジネスパートナーで、多才でインテリジェンス。自由な気風も持ち合わせる北尾重政。重三郎より11歳年上であったが、ふたりは非常にうまが合い、親交は重三郎が亡くなるまで続いた。

重政自身は、当時にしてはとても長生きで、重三郎の死去から23年後の文政3（1820）年まで生きている。享年82。

重政の死は出版界にも大きな打撃を与えたようで、浮世絵師の略伝や代表作などを記した人名事典著書『浮世絵類考』では、「近年の名人なり。重政没してより浮世絵の風鄙《いや》しくなりたり」(近年の芸術の世界では、北尾重政の没後以来、浮世絵の評価が低くなった)と記されている。

黄表紙展開の中核・朋誠堂喜三二

教養の豊かな宝暦の色男

朋誠堂喜三二は、蔦屋重三郎の黄表紙展開と吉原本の主力として活躍した作家だ。本名は平沢常富《つねとみ》といい、享保20(1735)年に幕府寄合衆《よりあいしゅう》の西村久義の子として生まれた。江戸の武士の家系ではあるが、幼いころから芝居や舞を好み、10歳のときに父の仲立ちで俳諧人の馬場存義《ぞんぎ》に弟子入りしている。

14歳になると、母の親戚筋にあたる江戸秋田藩邸の平沢家に養子に入る。それからは江戸俳諧の顔役である佐藤朝四《ちょうし》(晩得《ばんとく》)に仕えて、俳諧の修行を継続しつつ、門下の文人たちとの交流を深めた。さらに、歌人成島錦江《なるしまきんこう》などに漢書を習い、文化的教養を10代のうちから高めていく。

その一方、20代になると近習《きんじゅう》役の役割を利用して、主君に着いて吉原に出入りしている。頻繁に吉原通いをしたらしく、自称した異名が「宝暦の色男」。こうして得た教養と吉原の知識が、のちの創作活動に役立てられたのである。

重三郎の黄表紙展開を支える

喜三二の作家デビューは安永2（1773）年とされている。この年に出版された洒落本『当世風俗通《とうせいふうぞくつう》』の作者、金錦佐恵流《きんきんさえる》が喜三二の別名とされているからだ。

黄表紙時代の立役者である恋川春町とも友好を結び、安永6（1777）年に春町の挿絵で6作もの黄表紙を発表。そのうちの1作である『親敵討腹鼓《おやのかたきうてやはらつづみ》』に、喜三二の作品傾向が表れている。内容は「カチカチ山」と「忠臣蔵」を合わせたパロディだが、当時の人気役者や時事ネタもよく混ぜ合わされている。こうした風刺交じりのリアリズム的な作風が、喜三二の持ち味だったといえよう。

この年に、喜三二は蔦屋の華道書『手ごとの清水』に序文とあとがきを提供。洒落本『娼妃地理記《しょうひちりき》』も刊行している。

翌年からは『吉原細見』への序文も提供しているが、メインの版元は黄表紙最大手の鱗形屋《うろこがたや》。友人の春町の取引先であるうえに、当時の黄表紙出版のノウハウを、

蔦重の主力作家・朋誠堂喜三二

最も蓄積していた版元でもある。黄表紙展開を広げるうえで、最良のパートナーだったのだ。事実、喜三二は、安永後期までの黄表紙本の大半を鱗形屋から出版している。

安永6年は、喜三二が秋田藩邸の留守居助役（のちに留守居役）に出世した年でもある。留守居役は幕府や他藩との連絡・情報交換を担う役職で、交流の場として吉原をさらに多用することになる。この立場によって喜三二と吉原の関係はより強固となるのだが、一方で執筆活動には変化が生じはじめていた。

喜三二の黄表紙を半ば独占していた鱗形屋は、安永3（1774）年の裁判騒動で経営難に陥った。安永5（1776）年から7年の黄表紙ブームで一時的に持ち直しはしたものの、安永8（1779）年以降は経営難で出版が滞っている。

この影響を受けて、喜三二は事実上のフリー状態となる。ほかの版元は、ここぞとばかりに勧誘に動き、そのチャンスに便乗したのが重三郎だった。

吉原関連の書籍を手がけ、黄表紙本への進出も想定していた重三郎にとって、吉原および黄表紙の知識と執筆実績を両立させた喜三二は、まさに喉から手が出るほど欲しい人材であっただろう。そのうえ、すでに洒落本の出版や『吉原細見』への序文提供で縁は結んでおり、同じ吉原の愛好家として気心が知れていたのは想像に難くない。

安永の末期から、喜三二は重三郎のもとでの出版活動をメインとしていく。『吉原細見』の序文も引き続き担当し、天明元（1781）年には『見徳一炊夢《みるがとくいっすいのゆめ》』『滝返柳黒髪《すきかえすやなぎのくろかみ》』『一粒万金談《いちりゅうまんきんたん》』の3作を発表。これらは『菊寿草』（大田南畝著）において、それぞれ立役之部、若女形《わかおやま》之部、道化形之部で首位に認定され、喜三二自身も作家之部の最高位に認定された。

さらに天明3（1783）年にも『長生見度記《ながいきみたいき》』が話題をさらい、以後も黄表紙と洒落本の分野で蔦屋を牽引することになる。喜三二は、まさに重三郎全盛期における、黄表紙の主力作家だったのである。

皮肉がいきすぎ、主君に断筆へと追い込まれる

しかし、その黄表紙が執筆活動の休止につながることになった。田沼意次から松平定信への政権交代が成された直後の天明8（1788）年、喜三二は蔦屋から『文武二道万石通《ぶんぶにどうまんごくどおし》』を世に出した。

内容は、幕府が文武両道を勧める世の中で、文も武も中途半端な「ぬらくら武士」たちが過ごす日々を、滑稽《こっけい》と洒落を交えながら描いたものだ。一応は鎌倉時代を舞台としていたが、天明7（1787）年より定信が進めた文武奨励策への皮肉であることは、当時の庶民の目からも明らかだったという。

定信の規制にかからないよう、喜三二は出版の際、奉行所の人間を抱き込み、第二版以降は寛政の改革を歓迎する風潮を取り入れる改変を施すなどの策を講じている。だが幕府を茶化した本の執筆は、定信より先に主家を怒らせることになってしまったのだ。

出版の同年、喜三二は主君の佐竹氏から威圧を受けたという。この圧力で黄表紙と戯作の断筆を余儀なくされ、蔦屋の事業からも手を引いた。以降は喜三二の号を芍薬亭長根《しやくやくていながね》に譲渡。自身は「手柄岡持《てがらのおかもち》」の名で敵討物や怪談系の絵草紙、狂歌、狂詩を細々と続けつつ、文化10（1813）年にこの世を去る。享年79であった。

実は関係が浅かった？ 葛飾北斎と蔦屋の仲

世界で最も知られた浮世絵師の少年期

葛飾北斎は、浮世絵の巨匠として知られている。代表作の「富嶽三十六景《ふがくさんじゅうろっけい》神奈川沖浪裏《おきなみうら》」は世界で最も有名な浮世絵ともいわれ、このほかにも挿絵や肉筆画など、90年の生涯で幅広い絵画を手掛けた江戸屈指の画家である。この北斎もまた、蔦屋お抱え絵師のひとりだった時期がある。

北斎の幼少期には謎が多い。本名を川村時太郎だといい、中島鉄蔵とする説もあるが、北斎の肉筆画『大黒天図』の記述から、宝暦10（1760）年に生まれたのは間違いない。

父方の姓は川村氏で、のちに幕府御用人の鏡師、中島伊勢を養父としたようだが、確実な証拠はない。出身地も江戸の本所割下水《ほんじょわりげすい》（現東京都墨田区亀沢）ともいうが、これもまた確証はない。

6歳から絵をたしなんだとされつつも、若き日の詳しい動向は不明な部分が多い。一説によると貸本屋に奉公として出され、14歳で木版の彫り師になったともいわれている。洒落本『楽女格子《がくじょごうし》』（雲中舎山蝶作）の巻末に芥子屋主人の石塚豊芥子《ほうがいし》が残した識語《しきご》によると、この書の後半6丁（12ページ）は北斎が16歳で彫ったもので、19歳まで生業《なりわい》としていたと北斎本人が証言したという。

それでも彫師となった経緯や活動の詳細はわからず、北斎の少年期はいまだ多くの謎に包まれているのである。

あまり深くはなかった初代蔦重との関係

安永7（1778）年、北斎は19歳で浮世絵師の勝川春章に入門した。彫師から転向した理由もやはり不明だが、翌年には早くも鱗形屋の吉原細見『金濃町』に挿絵を提供している。さらに同年には4代目岩井半四郎などの3枚の役者絵を摺っており、これ以前より作品を発表していた可能性もあるという。

このとき北斎は「勝川春朗《しゅんろう》」と名乗っている。春章にちなんだとみられる画号は安永8（1779）年から寛政6（1794）年まで使用しており、天明5（1785）年には群馬亭《ぐんばてい》とも号し、両方を使うようになった。蔦屋重三郎と関係をもったときも、これらの名であった。

なお、寛政7（1795）年には勝川派から俵屋《たわらや》派に転向。俵屋宗理《そうり》を襲名して

葛飾北斎自画像、天保10(1839)年ごろ

いる。このころから各流派の画報はもちろん、蘭画（洋風画）の技法も研究したという。ここでの研鑽《けんさん》が、のちの多様な画風展開へとつながっていくのだ。

　蔦屋での北斎は、狂歌絵本と黄表紙の挿絵を担当していた。寛政４（１７９２）年には、北尾政美に代わって山東京伝の作品を担当し、曲亭馬琴の滑稽本『花春虱道行《はなのはるしらみのみちゆき》』の挿絵も任されている。

　北斎と馬琴は文化年間（１８０４～18）から提携作を多数世に送り出し、読本（伝記風の小説）の最盛期を築いたことで知られている。その基礎は、蔦屋の時代に形成されていたのである。

　しかし、重三郎と北斎の関係は、さほど深くはなかったようだ。当時の重三郎は喜多川歌麿や東洲斎写楽の売り出しを重視しており、北斎を推し出す動きは見られない。それでも京伝作品の挿絵を任せ、有力株の馬琴とタッグを組ませたように、重三郎が期待を寄せていたと思われる動きは多々ある。

　北斎は軽視されていたのではなく、本格的な売り出しの前に重三郎が急死してしまった、というのが真実に近いのだろう。

2代目重三郎の主力絵師

北斎と親密な関係を結んだのは2代目の重三郎だ。初代の死後、北斎は蔦屋から立て続けに作品を刊行している。寛政11（1799）年には『画本東都遊《えほんあずまあそび》』、翌年には『東都名所一覧』を連続して発表。享和年間（1801～04）も出版攻勢は続き、

『画本東都遊』（蔦屋耕書堂の店先を描いた図）
寛政11年（1799）（提供：東京都立中央図書館）

享和2（1802）年には『潮来《いたこ》絶句《ぜっく》』、2年後に『画本狂歌山満《やまま》多山《たやま》』を発表して蔦屋を支えた。

「葛飾北斎」の画名を用いはじめたのは、文化2（1805）年からだ。これ以降は、世の読本ブームに馬琴とともに乗り入れ、強靱《きょうじん》な描線を駆使した作風で本の魅力を引き上げた。狂歌

絵本には人物と風景を融和した新技法を生み出し、風景画に洋風画の陰影法を取り入れるという新機軸も話題となり、絵の修練本である絵手本にも進出している。

北斎初の絵手本は、文化7（1810）年に刊行された『己痴羣夢多字画尽《おのがばかむらむだじえづくし》』の前後編であり、版元はもちろん蔦屋の耕書堂だ。前後編合わせて69図の見本図には丁寧な書き順が施され、子どもだけでなく狂歌会での即席作画にも役立つと評判だったという。また、この書の前編の序文と後編の凡例は、蔦唐丸《つたのからまる》の名で2代目重三郎が担当しており、北斎と2代目との関係の強さを物語っている。

画狂老人卍の晩年

北斎の絵手本には蔦屋だけでなく戯作者の柳亭種彦《りゅうていたねひこ》も序文を寄せており、出版にも少なからず関与したとされている。しかし期待どおりの売り上げではなかったらしく、蔦屋が日本橋から撤退した文化10（1813）年ごろに、『略画早指南《りゃくがはやおしえ》』とともに版権が手放されている。北斎の絵手本も取り扱いを停止し、両者は疎遠となっていった。

それでも北斎は絵手本制作をやめてはいない。文化11（1814）年、北斎作品の代表格のひとつと呼ばれる『北斎漫画』が刊行。2年前の関西旅行の最中に名古

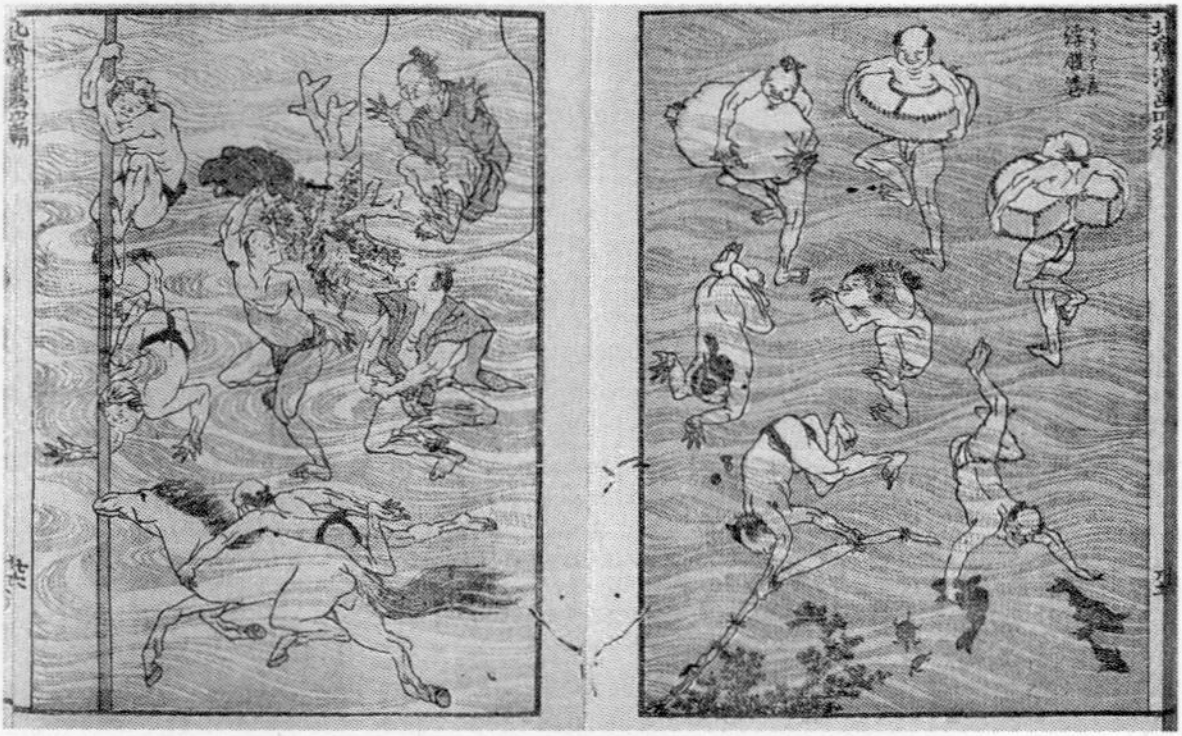

『北斎漫画』（浮腹巻図）文政2（1819）年

屋で完成し、名古屋の版元東壁堂永楽屋《とうへきどうえいらくや》東《とう》四郎《しろう》によって出版されたのだ。

人物や自然風景の形態描写だけでなく、伝承、風景、建築、天候などのあらゆる事象を取り扱い、変幻自在な筆運びは、のちにエドガー・ドガなど海外の近代画家にも強い影響を与えたという。

当初は単発の予定だったが版元の意向で10編まで刊行され、北斎の死後も他の版元により制作が続行された。最後の15編が出版されたのは、江戸時代が終わったあとの明治11（１８７８）年である。

代表作の『富嶽三十六景』の連作がはじまったのは、天保元《てんぽう》（１８３０）年ごろ。浮世絵での本格的な風景画を開拓すると同時に、花鳥や動植物画の発表によって錦絵の表現方法を拡大させた。晩年は画狂老人卍《まんじ》という画名を名乗り、天保5（1834）年に刊行された『富嶽百景』初版の巻末にて、百数十歳までの画力の向上を予言していた。

その後も肉筆画を中心に活動していたが、嘉永《かえい》2（1849）年に数え90歳でこの世を去る。北斎は稀代の絵師となりはしたものの、初代重三郎が長生きしていたら、さらにどういったプロデュースをしたのだろうか。想像してみるのも一興かもしれない。

平賀源内ら文化人と蔦重の交流

才気あふれたプロデューサー

蔦屋重三郎が活躍した時代は、江戸文化の爛熟期《らんじゆくき》でもあった。国学者の本居宣長《もとおりのりなが》、『解体新書』を書いた医師の前野良沢《りようたく》と杉田玄白《げんぱく》、測量家の伊能忠敬《いのうただたか》、俳人の小林一茶《いつさ》、禅僧の良寛《りようかん》、武士であり探検家の間宮林蔵《まみやりんぞう》、神道家の平田篤胤《あつたね》など、多彩な才人が新たなジャンルを築き、時代をおおいに盛り上げていたのだ。

そのなかでも世間を騒がせていたのが、平賀源内である。幼いころから「天狗小僧」と呼ばれるほどの天才で、しかもその才能は、薬学、科学、医学、文学など、マルチに発揮されていた。

生まれは享保13（1728）年。重三郎より22歳も年上だが、その行動力や一寸先を読む早さ、人たらしの性格は非常によく似ている。源内は自信家で鼻っ柱が強いが憎めず、サービス精神旺盛で自己演出に長けたため、若いころから多くのファンや支援者がいたともいわれている。

しかも源内は自身の才能を開くだけではなく、出会いの場をつくり、新たなものを生み出すプロデューサーとしても有能だった。たとえば、小田野直武《おだのなおたけ》は秋田藩お抱えの絵師だったが、源内が直武の屛風《びょうぶ》絵を見て才を見抜き、杉田玄白と引き合わせる。そこからふたりの縁が深まり、直武は『解体新書』の挿絵を担ったのだ。

22歳年上の大先生を活用した蔦重

そして何より、源内は売れっ子作家であった。重三郎が耕書堂を開店する9年前の宝暦13（1763）年には、すでに「風来山人」のペンネームでデビュー。『根南《ねな》志具佐《しぐさ》』と『風流《ふうりゆう》志道軒伝《しどうけんでん》』を立て続けに出版し、どちらも大ベストセラーとなっている。

これらは、教訓を説く僧の口調を真似つつ、世相を風刺する「談義本」の様式を下敷きにしたものだった。学者や医者、僧などにも容赦なく突っ込む、ユーモラスで辛辣《しんらつ》な独特の語り口は「平賀ぶり」と呼ばれ、偽作も出回るほど人気を呼んだ。そしてその文体は多くの作家が憧れ模倣してブームとなり、「戯作」というジャンルが確立する。

大田南畝と朋誠堂喜三二も、風来山人《ふうらいさんじん》（平賀源内）の書を読み、それがきっかけで戯作者となっている、いわば「源内門下生」だ。

源内は戯作だけでなく、「福内鬼外《ふくうちきがい》」というペンネームで、江戸の人形浄瑠璃の脚本を手掛け、こちらも大ヒット。つまり重三郎が耕書堂を開いたころには、すでに源内は「大先生」だったのだ。しかし、重三郎はそんな彼を、飛躍の一手として活用する。安永3（1774）年、重三郎が『吉原細見』の改訂版『細見嗚呼御江戸《ああおえど》』を出版する際、その序文を源内に依頼したのである。

ペンネームは浄瑠璃作家名の「福内鬼外」だったが、その正体が平賀源内であることは江戸の者にとっては周知の事実であった。重三郎が源内に序文を頼むに至った理由としては、『吉原細見』の改訂に当たり、この冊子を単なる情報本だけではなく文学的価値も加味する狙いがあった。そこで作家だけでなく、知識人としても高名な源内に白羽の矢を立てたという。

さらには男色《だんしょく》を公言していた源内に、女色の極みともいえる場所の吉原について語らせることで、大衆に興味を引かせるという目的があったという説もある。ちなみに、この序文を書いた翌年の安永4（1775）年、源内は『吉原細見』の男性版ともいえる詳細な陰間《かげま》茶屋ガイド『男色細見《なんしょくさいけん》』を出版している。

ただ、版元と著者という関係で、源内と重三郎がガッチリとタッグを組んだ本は見当たらない。というのも、重三郎が黄表紙や戯作出版へと乗り出す1年前に、源内はこの世を去ってしまっていたからである。

波乱万丈の末の悲惨な最期

源内は安永5（1776）年に、電気をおこす機械「エレキテル」を発明。そのほか鉱山師など、いくつもの仕事を並行しながら執筆活動もおこない、『放屁論《ほうひろん》』『天狗髑髏鑒定縁起《てんぐしやれこうべめききえんぎ》』などを刊行していた。田沼意次にも目をかけられ、順風満帆であったが、源内が次から次へと繰り出す、あまりにも奇抜で革新的な発明やアイデアに対し、山師扱いしたり、恐れを抱く者も増えていった。

やがて源内を見る周囲の目も少しずつ冷ややかになり、安永8（1779）年には殺人の疑いで投獄され、そのまま破傷風にかかって帰らぬ人となってしまった。享年52。

あまりにも悲惨な最期であったが、源内が寛政の改革による文化の抑制、黄表紙弾圧を知らずに死んだのは救いだったのかもしれない。そして重三郎はその後、源内の影響を大きく受けた戯作者、大田南畝と朋誠堂喜三二とタッグを組み、多くのヒット作を生み出していく。

才能と才能を引き合わせる眼をもった天才、平賀源内と蔦屋重三郎。もう少しふたりが生まれた年が近ければ、驚くような新規格の本やコラボレーションが生み出されたかもしれない。

蔦屋子飼いのエース絵師・喜多川歌麿の斬新さ

美人画巨匠の、謎多き少年時代

天明の初期から寛政にかけて、幕府の出版規制に揺れる重三郎を錦絵で支えた美人画の巨匠が喜多川歌麿だ。つまり、蔦屋重三郎の後半生における主力絵師である。

歌麿の生年月日は宝暦３（１７５３）年ごろだとされるが、正確な時期は不明。

出身地は江戸か川越《かわごえ》（埼玉県）とする説はあるものの、実証する史料はない。父は北川氏で本名は市太郎とされるも、やはり根拠はわかっていない。なお、『浮世絵類考』（大田南畝他）によると、俗称は勇助だったようだ。

少年時代の姿もわからず、狂歌絵本『画本虫撰《えほんむしえらみ》』（喜多川歌麿画）に絵師鳥山石燕《せきえん》が寄せた後書きから虫好きで物事に細かい性格だったことや、自著の『零陵洞門人歌麻呂』の記述から、鳥山の門下で狩野《かのう》派絵画の技法を学んだことがわかるくらい。それでも絵師を志した理由や、門下でどういった活動や交流をしたかについては、いまだ不明のままである。

西村屋から蔦屋へと移る

絵師として世に出たのは明和7（1770）年前後とされているが、初筆は安永4（1775）年の富本節正本《とみもとぶししょうほん》『四十八手恋所訳《こいのしょわけ》』であるという。以降は北川豊章《とよあき》の画名で役者絵を手掛け、安永7（1778）年から9年までに、6種もの黄表紙の挿絵を描いている。そのうち5種は安永8（1779）年と翌年に制作されており、版元は西村屋与八であった。

しかし、当時の西村屋が推していた絵師は鳥居清長だ。清長が安永年間に手掛けた役者絵だけでも100種にのぼり、黄表紙も安永9（1780）年だけで10種におよぶ。歌麿が3年間に制作した黄表紙を優に上回り、期待度の違いが如実に表れている。この格差を不服としたのか、歌麿は安永9年ごろに西村屋から離れている。

次に歌麿が頼った先が蔦屋重三郎だった。両者がいつ縁を結んだのかは不明だが、北尾重政の仲介があったとする説もある。

重政は石燕の俳諧仲間であり、歌麿も師を通じて関係を結んでいたという。画人伝『古画備考《こがびこう》』（朝岡興禎《おきさだ》作）にも、「石燕ノ弟子喜多川歌麿ハ、弟子同然也」と記されている。西村屋を出た弟子を重政が心配して、重三郎と引き合わせた可能性もなくはない。

ただひとつだけ明らかなことは、天明元（1781）年に重三郎のもとで黄表紙『身貌大通神略縁起《みなりだいつうじんりやくえんぎ》』の挿絵を任され、蔦屋での活動をはじめたことだ。画名を「豊章」から「歌麿」に改名したのもこの年だ。重三郎のお抱え絵師としての活動は、こうしてはじまったのである。

重三郎による歌麿の売り込み攻勢

天明2（1782）年の秋ごろ、歌麿は上野・忍が岡の料亭にて戯作者と浮世絵絵師の宴会を主催している。四方赤良（大田南畝）、朱楽菅江、朋誠堂喜三二、恋川春町、北尾重政、勝川春章に鳥居清長などのそうそうたる面々が参加し、南畝の『蜀山人判取帳《はんとりちょう》』に貼られた版画にも歌麿が宴会で用いた口上書が残されている。

だが当時の歌麿に大物を一挙に集める力はなく、真の主催は重三郎だったと考えられている。売り出し途中の歌麿を著名人たちと引き合わせ、友好関係を広めさせると同時に、歌麿の絵を戯作家に売り込むことが目的だったようだ。そのかいあって、宴会の翌年には四方山人（赤良）や雲楽山人《うんらくさんじん》らとの合作を多数出版し、翌々年にも喜三二らの戯作に歌麿の挿絵が使われるようになる。

それ以外では役者、風景、女性画を手掛け、天明8（1788）年には狂歌絵本にも参加。前述の『画本虫撰』も、この年につくられたものだ。同年には代表作のひとつである狂歌絵本『潮干《しおひ》のつと』を刊行し、雪月花三部作の初作品にあたる肉筆画『品川の月』も描かれている。これらの成功によって、歌麿は稀代の絵師としての地位を固めていったのである。

大首美人画のヒットと蔦屋との別離

重三郎は、美人画における歌麿の才に早くから気づいていたようだ。吉原妓楼の主たちと共催した「吉原連」に歌麿を参加させたのも、重三郎である。重三郎は、歌麿を女性が身近な吉原の環境に置くことで、美人に対する理解を上げようとしたのかもしれない。そうした経験のもとに、制作された浮世絵が大首美人画だ。

寛政3（1791）年から翌年にかけて刊行された『婦人相学十躰《そうがくじってい》』『婦女人相十品』に代表される大首美人画は、見た目の美しさだけでなく、人物の内面や感情、日常的な素顔を個性的に描き出しているのが最大の特徴だ。美麗な色使いを重視する当時の浮世絵界では、まさに画期的な表現方法だった。

大首美人画の大ヒットにより、歌麿は「浮世絵といえば歌麿、美人画といえば歌麿、歌麿美人は天下一」と江戸庶民の間で絶賛されたという。

こうして歌麿は美人画のトップに君臨したが、寛政6（1794）年ごろから重三郎との関係がこじれたらしく、蔦屋以外からの出版も増えていく。翌年には関係改善の兆候も見られはしたものの、重三郎の死で頓挫した。

その後も歌麿は浮世絵を中心に活動していたが、幕府の禁令を幾度か受ける。文化元（1804）年には『絵本太閤記』の絶版事件によって、挿絵の題材となった『太閤五女花見之図』を描いた歌麿も手鎖50日の刑に処されている。それ以後は英気を失い、2年後に死去、享年54。蔦屋を支えた人気絵師も、幕府の規制には勝てなかったのだ。

蔦屋の狂歌撰者となった宿屋飯盛の権威

浮世絵師を父にもち、南畝に弟子入りする

宿屋飯盛《やどやのめしもり》（石川雅望《まさもち》）の本名は糠屋《ぬかや》七兵衛といい、宝暦3（1753）年に江戸小伝馬町《こでんまちょう》三丁目（現中央区日本橋小伝馬町）で生まれた。父の先代糠屋七兵衛が宿屋を営んでいたことが、狂名の由来になったという。また父は浮世絵師石川豊信としての顔ももち、飯盛の文化教育にも熱心であったようだ。

少年時代には国学者の津村淙庵《そうあん》から和学、儒学者の古屋昔陽《せきよう》から漢学、狂歌師の頭光《つむりのひかる》から狂歌を学び、多方面の教養を身につける。天明3（1783）年より四方赤良（大田南畝）の門下となり、狂歌ブームの追い風を受けて即座に頭角を現していく。

やがて、かつての師である頭光とともに「伯楽連」を結成すると、『俳優風《わざおぎぶり》』（唐衣橘洲他編）の巻頭を飾り、『徳和歌後万載集《とくわかごまんざいしゅう》』（四方赤良編）と『故混馬鹿集《ここんばかしゅう》』（朱楽菅江編）に歌を掲載された。

古典文学や故事を素材としつつも、天明風の歌風にアレンジするという、機智にあふれたスタイルは瞬《また》く間《たた》に人々の絶賛を集める。この名声により、飯盛は一流狂歌師の仲間入りを果たしたのである。

重三郎に狂歌の選別を任される

飯盛が蔦屋重三郎と協力関係を結んだのは、天明5（1785）年ごろだ。この年に刊行された狂詩本『十才子《じっさいし》名月詩集《めいげつししゅう》』に、編者として飯盛の名前が記載されている。重三郎の協力者となった経緯は不明ながら、大田南畝の仲介で友好を結んだともいわれている。

当時の重三郎が進めた狂歌展開において、問題となったのが権威である。重三郎自身も狂歌師としてデビューしつつ、みずからも歌会を開いてはいた。しかし、一流の狂歌師ほどの造詣《ぞうけい》はなく、彼らに匹敵する権威もない。狂歌本を成功させるには、知名度と教養を両立させた一流狂歌師の協力が不可欠だった。こうした事情から、狂歌本制作に重用されたのが南畝と飯盛だったのだ。

天明6（1786）年には山東京伝の『吾妻曲《あずまぶり》狂歌文庫』にて、飯盛は撰者を担当する。撰者とは、掲載する狂歌を選別する役割のこと。多くの候補から優れた一句を発掘するため、目利きでなければ務まらない。翌年には、同じく京伝の「古今《ここん》狂歌袋《きょうかぶくろ》」を任され、喜多川歌麿とも同年刊行の『絵本詞の花』と翌年の『画本虫撰』で歌撰を担当している。

このような活動を通じ、飯盛は蔦屋の狂歌展開になくてはならない人材となった。天明後期には鹿都部真顔《しかつべのまがお》、銭屋金埒《ぜにやのきんらち》、頭光と並んで狂歌四天王のひとりに数えられ、飯盛の狂歌師としての名声は一段と高まることになった。

冤罪を負い江戸を去る

寛政2（1790）年には歌麿の『絵本あまの川』の撰者となり、飯盛の狂歌師としての地位は盤石となる。しかしこの翌年、飯盛は狂歌から一時手を引くことになる。幕府の公事宿《くじやど》（訴訟事で出向した農民が滞在する宿）の選抜に関する贈収賄疑惑が発覚したからだ。実家の宿屋は無関係だったのだが、14人の宿泊業者とともに南町奉行所から召喚を受けることになった。

飯盛の容疑は、訴訟人への不当な金銭要求と訴状の書き添え、あるいは強訴《ごうそ》による訴訟人数の不当な割り増しである。無罪を主張しても奉行所は応じず、家財没収と江戸追放が下される。重三郎との関係も、ここで途切れることとなった。

その後は成子村《なりこむら》（現新宿区西新宿）に移り、飯盛は国学者石川雅望として『源氏物語』を中心とした国学の研究に没頭する。加藤千蔭《ちかげ》などの国学者とも関係を深める一方、狂歌復帰への準備もはじめていた。

寛政11（1799）年には南畝の「和文の会」にて表現力を培《つちか》い、享和3（1803）年にも「狂文の会」に参加。翌年には狂歌壇復帰を目標とした上方《かみがた》への旅行を実行している。飯盛の江戸帰還が許されたのは文化5（1808）年。重三郎が他界した11年後のことだった。

俳諧論争を巻き起こした晩年

江戸に戻った飯盛は、狂歌師としての活動を再開した。当時の江戸では狂歌を「俳諧歌」と呼び、上品に詠むことを是とする風潮が強かった。その急先鋒である鹿都部真顔に飯盛は反発し、「五側」というグループを結成する。

文化6（1809）年、刊行された『新撰狂歌百人一首』で飯盛は真顔を批判。対する真顔も、文化11（1814）年の『類題俳諧歌集』などを通じて逐一反論していった。こうして引き起こされた「俳諧歌論争」は、南畝の仲介で和解。ただし、それは表向きに過ぎず、飯盛と真顔は、その後も文化・文政狂歌界を二分していくことになる。

真顔と対立している間、飯盛は中国笑話を和文翻訳した読本『近江県物語』や『天羽衣《あまのはごろも》』を書き、文化6（1809）年に『飛騨匠物語《ひだのたくみものがたり》』を刊行して人気を博す。天明3（1783）年から文化9（1812）年までに手掛けた序文や礼札（広告）などをまとめた『狂文吾嬬那万俚《きょうぶんあずまなまり》』は飯盛の技量の集大成であり、文政11（1828）年には真顔とともに「俳諧歌宗匠号」を授与されている。

飯盛がこの世を去ったのは、その2年後で享年は78。重三郎の狂歌展開を支えたブレーンの最期であった。

3

写楽を世に出した驚異のプロデュース

斬新な発想、驚きの商才、人脈のすべて——

初出版を成功させた〝販売しない〟戦略

重三郎の処女出版『一目千本』

新規作家や出版社にとって、デビュー作ほど重要なものはない。ヒットすれば次回作以降の成功も期待できるが、失敗すれば挽回は難しい。蔦屋重三郎の処女出版である『一目千本《ひとめせんぼん》』にも、同様の問題が横たわっていた。

安永3（1774）年に刊行されたこの本は、各ページに木蓮《もくれん》、山葵《わさび》、百合、水仙などの花々が豪華な花器に生けられた、花のカタログのような構成だ。タイトルも「一目で千本の花々を見渡す」という意味である。

その花々には、必ず女性の名前が添えられていた。実はこの本、吉原の花魁《おいらん》を花にたとえた遊女評判記だったのだ。

挿絵を担当したのは北尾重政だ。駆け出しの重三郎に重政とのコネはないので、鱗形屋《うろこがたや》の手助けもあったとされる。また、刊記には「板元書肆《はんもとしょし》　新吉原五十軒」と記されているので、出版資金は各有名妓楼《ぎろう》の出資で賄《まかな》われたようだ。

有名版元や妓楼の支援と有名絵師の起用。まさに失敗の許されない布陣だったのである。

では、『一目千本』を成功させるために重三郎はどんな手を打ったのか。それは意外にも、売らないことだった。

プレミア感を煽って話題づくりに成功

重三郎は『一目千本』を一般に販売はせず、遊女の贈答品として世に出した。つまりは、花魁が上客に送る特別なプレゼントだったのである。しかも配布される店は、重三郎に出資した一流の妓楼だけだったという。これでは一般民衆が手に入れるのは絶望的だ。

しかし、この戦略は成功している。一流店の上客しか入手できないために、この書を手に入れることが吉原の客の間でステータスとなった。花魁の世界でも、『一目千本』に名が載っているか否かで格付けが発生したという。

そして、気軽に入手できないからこそ一般人の興味も引き、内容の予想を語り合う男性も多かったようだ。

こうしたプレミア感を煽《あお》る商法は、現在でもよく見られる。意図的に品薄にして稀少性を高め、顧客の興味を引きつつ購買意欲も煽る商法が最もわかりやすいケースだろう。いまに通じる売り方を、重三郎は江戸時代の段階で実践していたのだ。

この『一目千本』ブームが落ち着いて久しい安永6（1777）年、重三郎は花魁の名前だけを抜いた『手ごとの清水』を販売する。名目上は挿花の絵手本帖だが、『一目千本』の簡易版であることは誰の目にも明らかだった。

この『手ごとの清水』で、一般顧客は『一目千本』の内容をだいたい把握でき、一部を改編しているだけなのでオリジナルのプレミア感も損なわれない。さらにオリジナルの発表から3年もたっているため、改編版を販売しても批判はされにくい。まさに完璧な構成だ。

こうした商法によって、重三郎は初の出版作を成功に導いたのだった。

将来の顧客化を見越した無料冊子戦略

重三郎の注目すべき非販売戦略はもうひとつある。『一目千本』とは関係ないのだが、後年の重三郎は、店先に無料冊子を置くこともあったようだ。配られたのは、おもに子ども向けのおとぎ話の見本などであった。

幼年向けのボランティアのようにも思えるが、重三郎の目的は宣伝だ。

江戸時代の書店では、メディアの発達した現在のように、本の内容を気軽に知ることはできない。実店舗で店員に教えてもらうか、口コミに頼るのが主流だった。もちろん、立ち読みもできない。

しかし、これでは事前に本の内容はわからず、書店で取り扱う本の種類もわかりづらい。そこで無料冊子を用意すれば、客は店が扱う本の種類をある程度把握できるし、内容も大まかに知ることができる。さらに子どもが早い段階で本に親しめば、将来の顧客としても期待がもてる。

現在の企業が無料サンプルを配布するのも、おもにサンプル利用者が顧客となる期待や、口コミによる認知の拡大を狙うためだ。重三郎は、ここでもいまの時代に通じる手法を編み出していたのだ。

このサンプル戦略も子どもをもつ親を中心に好評を呼び、耕書堂《こうしょどう》の人気は向上したとされているのである。

ライバルのミスに乗じた版権獲得

重三郎を下請けにしていた大手版元

蔦屋重三郎の耕書堂は、鱗形屋の下請けとしてはじまった。鱗形屋は、大伝馬《おおでんま》町《ちょう》三丁目（現日本橋大伝馬町）に店を構える大手の地本問屋だ。鱗形屋加兵衛が万治年間（1658〜61）に開業し、浄瑠璃本の出版で有名となった。

2代目は三左衛門《さんざえもん》、3代目は孫兵衛《まごべえ》と呼ばれ、草双紙《くさぞうし》などの大衆本の出版でも有名となる。『吉原細見《よしわらさいけん》』の出版権もほぼ独占し、享保《きょうほう》6（1721）年の書物問屋仲間の結成以降は有力問屋として業界を牽引し、江戸屈指の版元として名声を高めていた。

そして安永4（1775）年には恋川春町《こいかわはるまち》作の『金々先生栄花夢《きんきんせんせいえいがのゆめ》』にて、江戸に黄表紙《きびょうし》ブームを巻き起こすことになる。まさに安永前期における出版界の最大手だったといえる。

重三郎はそうした鱗形屋の書籍販売、とくに『吉原細見』の販売と企画編集を手掛ける形で店を立ち上げた。現在でいえば、書店と編集プロダクションを兼ね合わせた業態ともいえる。最初から独立した版元（出版社）を選ぶより、経営ノウハウを学びつつ支援も受けられるので、現実的な選択だったといえよう。

鱗形屋の出版権侵害事件

だが安永4年は鱗形屋が危機的状況に陥った年でもあった。この年、鱗形屋は重版事件を引き起こし、幕府の処罰を受けたのである。

出版業界が盛んになる一方で、問題となっていたのが既存本の「重版」と「類版」だ。他店の本と同様のものを出版することが重版、一部改編することを類版といい、現在の増刷を意味する重版とは異なる。つまりは、盗作物や海賊版のことである。

出版物と書店が増加していくにつれ、これらの事例も増えていった。新刊を出しても、すぐに類似品を出される状況が続いたことで、各版元は出版権の保護を模索するようになる。そこで発案されたのが「板株《いたかぶ》」だ。板株は現在の版権（出版権）に近く、これを所有すればその本を出版する権利が仲間内で認められ、自由な出版、再販、改題、改編が可能となる。

板株制度は元禄《げんろく》年間（1688〜1704）に京都で生み出されたとされ、町奉行への嘆願で元禄11（1698）年には上方で重版・類版禁止の町触《まちぶれ》が出されることになった。江戸でも享保6（1721）年の書物屋仲間の公認により、書店間での重版・類版規制が義務化した。また権利が侵害された場合、被害者が奉行所に訴えれば、公的制裁を加えることも可能となっていたのだ。

だが鱗形屋は、この禁を破った。手代の徳兵衛が、大坂版元の柏原与左衛門と村上伊兵衛が出版した『早引節用集《はやびきせつようしゅう》』（今日の簡易版の国語辞典）を、『新増節用集』と改題して出版してしまったのである。

この重版騒動は訴訟に発展し、徳兵衛は家財没収のうえに江戸十里四方追放、主の孫兵衛も20貫文の罰金刑に処せられる。罰金以上に、孫兵衛にとっては仲間内の信用失墜が痛手になってしまい、その年の『吉原細見』も出版を自粛したのである。

『吉原細見』の板株獲得と内容の差別化

鱗形屋の危機は、重三郎にとってはチャンスとなった。その間隙《かんげき》を突くかたちで『吉原細見』の板株を手に入れ、独自の『吉原細見 籬《まがき》の花』を出版したのである。しかし鱗形屋も安永5（1776）年より『吉原細見』の販売を再開している。最大手が復活したら、弱小の蔦屋には勝ち目がない。ところが、蔦屋版は鱗形屋版を駆逐《くちく》し、その後の『吉原細見』は重三郎が出版を独占することになった。

蔦屋版が鱗形屋版よりも売り上げが上回ったのは、経営難で鱗形屋が衰退したことも理由のひとつだ。しかし最大の理由は、差別化の成功だろう。

従来の『吉原細見』は情報の使い回しや吉原外の人間による執筆のせいで、記述の誤りも珍しくなかった。そこで重三郎は吉原育ちの利点を活かし、各店舗から最新の情報を仕入れる。それによって、店と遊女の正確な格付けや料金情報も充実し、内容の信頼性が劇的に向上したのだ。

またページを減らして値下げをしつつ、大型の判型を採用して読みやすくした。見取図の構成も、中央通りの両側に店の位置を書き込む形を取り、各妓楼の位置をよりわかりやすくした。

さらに箔《はく》をつけたのが、有名作家の協力である。重三郎が鱗形屋版『吉原細見』の『嗚呼御江戸《ああおえど》』を手掛けたとき、福内鬼外《ふくうちきがい》（平賀源内）に序文を頼んだ前例をつくっていた。蔦屋版の発行時にも山東京伝《さんとうきょうでん》や朋誠堂喜三二《ほうせいどうきさんじ》など、子飼いの人気作家に序文を任せている。それによって、彼らのファンの購入も促したのである。このように、鱗形屋版より情報が正確で、内容もわかりやすい蔦屋版は大評判となった。吉原の案内書としてだけでなく、吉原土産としても人気を集めたという。

その後、鱗形屋は安永9（1780）年ごろに『吉原細見』の出版から手を引いた。黄表紙の出版で巻き返しを図ったものの、寛永初期に廃業したようだ。

一方の重三郎は、ライバルの撤退で『吉原細見』の刊行を事実上独占。春秋年2回の刊行による売り上げと、各妓楼からの広告収入は、耕書堂の収入基盤のひとつとなる。その資金は新刊の出版や吉原接待に利用され、重三郎はさらなる躍進を遂げたのである。

吉原風の舞台演出は、コラボ事業の先駆けか

田沼時代にブームとなった芝居

田沼時代の江戸で大ブームとなったのが浄瑠璃だ。

浄瑠璃とは、伴奏に合わせて太夫の詞章《ししょう》（語り）で物語を進める劇場音楽や芸能のこと。起源については諸説あるが、室町時代前後に琵琶法師《びわほうし》が有力諸大名の前で演奏した『御前物語《ごぜんものがたり》』がはじまりとされている。

浄瑠璃の語源は浄瑠璃姫と牛若丸の恋物語が由来とするのが通説で、当初は扇拍子《おうぎびょうし》や琵琶を伴奏としていた。だが、琉球から伝わった三線《さんしん》が三味線に改変されると、江戸時代には伴奏の主流となる。

当初、浄瑠璃は上方で流行し、江戸に伝わったのは17世紀前半だとされる。人形を演者とする人形浄瑠璃も人気を博し、「節」と呼ばれる流派も各所で興った。そのなかの一派である「富本節《とみもとぶし》」が田沼時代に一世を風靡《ふうび》し、中村座、市村座、森田座の「江戸三座」においても、富本節による舞踊劇が人気を博している。

この三座は歌舞伎劇場ではあるのだが、当時は浄瑠璃の戯曲を歌舞伎が借用する

ことは珍しくなかった。

こうした富本節ブームに乗って、蔦屋重三郎は正本事業を独占した。浄瑠璃の事実上の脚本である正本を握ったことで、重三郎は『吉原細見』に並ぶ安定した営業基礎を築くことにもなったのだ。

だが、重三郎が仕掛けた劇場戦略はこれだけではない。吉原と劇場のコラボ事業をプロデュースし、自店の宣伝もやり遂げたというのである。

吉原と浄瑠璃のコラボレーション演出

蔦屋のコラボ事業を記しているのが、山東京伝の弟である山東京山《きょうざん》の『蜘蛛《くも》の糸巻』。追加篇の天明2（1782）年11月分に書かれているのが、14歳の京山が中村座の公演を観にいった際の話だ。

そのとき中村座では、翌年出演する役者たちを初披露する顔見世狂言が開かれていた。その三立目におこなわれた浄瑠璃のなか、二代目富本豊前太夫《ぶぜんだゆう》の「睦月恋《むつましづきこいの》手取《てどり》」の語りに合わせて半四郎と菊之丞という役者が舞を披露していた。

ふたりは年頭の祝い事の門付芸（家々の門でおこなう大道芸）である「春駒」の姿で舞い、駒頭のつくりものをもちながら踊って観客からおひねりをもらっている。

京山が注目したのは、ここで二代目豊前が語った浄瑠璃文句だ。

「吉原の遊女名寄の春駒、両人の所作奇々《きき》妙々《みようみよう》いふべからず」

つまり、文句の中に吉原遊女の名前が散りばめられていたのである。しかも、登場した遊女は玉屋、丁子屋《ちようじや》、扇屋、大文字屋など、「いずれも時の名妓」とあった。

田村時代の好景気で好調だった吉原と、大ブームの富本節との組み合わせ演出に吉原マニアの観客たちは喝采《かつさい》をあげ「見物の声雷をなす」大成功に終わったという。

成功の裏には重三郎の仲介があった?

14歳の京山をも驚かせたこの演出の立役者こそが、重三郎であったという。当時の富本正本を手掛けていたのは蔦屋であり、吉原演出に重三郎が一枚絡んでいたことは想像に難くない。

コラボ実施に必要な両業界の説得も、重三郎の吉原や狂歌師の広いネットワークが役立った。公私で交遊関係を深めた重三郎の申し出ならば、事業への参加も承諾させやすかっただろう。

たとえば、妓楼扇屋の主人は加藤千蔭《ちかげ》に歌を習い、棟上高見《むねあげのたかみ》の狂名をもつ狂歌師でもあった。さらに大文字屋の主人も加保茶元成《かぼちやのもとなり》の狂名をもっていた。そうしたふたりと重三郎は狂歌グループ「吉原連」のメンバーであり、交流を深めやすい環境だった。

さらに各妓楼を歌会や接待の場として使うことで、店のお得意様にもなった。接待には歌舞伎界の有名役者や重鎮も参加したとされ、市川団十郎も加わっていたという。

こうした人脈を活用して、重三郎は舞台演出を成功させるとともに、関連書籍の販売数向上につなげて利益を向上させた。京山も、中村座公演に関する記述の最後「版元蔦屋重三郎も大金を得たりと聞きぬ」と記している。

重三郎のプロデュース力は書物だけに留まらなかったのである。

吉原ネットワークを活かして文化人を囲い込み

版元間の人材獲得競争

黄表紙ブームと田沼時代の好景気により、安永後期から天明初期の出版業界は飛躍的に発展した。初の黄表紙本を出版した鱗形屋に負けじと、各版元は優れた書籍を世に送り出すべく有力作家の発掘と採用に力を入れていく。安永９（１７８０）

年に山東京伝を引き入れ、『娘敵討古郷錦《むすめかたきうちこきようのにしき》』などの黄表紙本を多数刊行した地本《じほん》問屋《どいや》の鶴屋がいい例だ。

このほかに、西村屋与八も同年に戯作者伊庭可笑《いばかしよう》と手を組み、その前年には奥村屋が市場通笑《いちばつうしよう》、天明元（1781）年には伊勢屋が桜川杜芳《さくらがわとほう》を引き込んだように、作家の獲得合戦は激しさを増していく。

そうして確保された作家は掛け持ちすることも多く、出版業界は多様性と活気に満ちあふれると同時に、作家の獲得競争も激化の一途を辿っていく。

この戦いで独り勝ちをしたのが蔦屋重三郎である。山東京伝、朋誠堂喜三二、北尾重政といった一流の作家や絵師を味方に引き入れ、田沼時代の出版業界を完全にリードしていったのだ。

吉原を使った人心掌握とネットワーク

初期の重三郎を支えたのは、鱗形屋の遺産だった。

訴訟と業績不振にあえいだ鱗形屋3代目の孫兵衛は、みずから大ブームを起こした黄表紙本に活路を求めるも、結局は失敗して衰退の一途を辿る。そのときに放逐された有力作家たちを引き込むことで、重三郎は初手の展開に成功した。

そのなかでも、初期の看板作家となったのが朋誠堂喜三二、絵を担当したのが北尾重政である。

まさに鱗形屋の遺産が、重三郎を支えていたのだ。

しかし安永後期は、作家の獲得と引き抜きが最も苛烈《かれつ》だった時期だ。喜三二と重政が、いつまでも重三郎のもとにいるかはわからない。さらには、新鋭作家に追い抜かれる可能性も高い。今後もトップを独走するには、新たな才能を先んじて囲い込む必要があったのだ。

そのために重三郎が利用したのは吉原だ。

江戸最大の遊郭にして文化的地域だった吉原は、文化人のサロンとしての一面もあった。有名妓楼は狂歌の歌会の会場としても使われたし、歌のお披露目だけではなく、版元やパトロンとの交流も盛んだった。有能な文化人と縁を結ぶには、これ以上の環境は当時なかったのだ。

重三郎は生まれも育ちも吉原なうえに、商売で遊郭や茶屋に足しげく出入りしたので、各店の事情にも詳しい。この経歴と実績を活用し、重三郎は有力な作家を吉原の集いに誘い、あるいはみずから歌会を開いて交流を深めようとした。そして絵師、戯作者、狂歌師らとの友好を深めつつ、事業に巻き込んでいく。

作家や絵師の側からしても、吉原の文化的な体験、あるいは世に名高い文化人たちとの交流は強い刺激となっただろう。妓楼のルールについても、経験豊富な重三郎が一緒ならフォローされる。複雑な作法も軽々とこなす、重三郎の粋でいなせな姿に尊敬を抱いたかもしれない。

接待相手が若手であれば、まだ世に出ていない新人を真っ先に評価したという恩を売り込むことになる。その恩人の仕事となれば、若手連中も熱が入るというものだ。この熱意を活用して、名作黄表紙を次々に生み出していく。

蔦屋の作品は、吉原を使った人材確保とネットワークで成り立っていたといえよう。

人材が人材を呼ぶ好循環

こうした接待の記録は多数残っている。恋川春町の日記「年の市の記」の天明2（1782）年12月17日項にも、蔦屋で宴会を開いた重三郎は、吉原遊郭の大文字屋で二次会を開いたことが記録されている。そこに参加したのは春町のほか、唐来《とうらい》参和《さんな》、大田南畝《なんぽ》、北尾重政、山東京伝と、まさに一流の戯作者と絵師ばかりだ。

南畝の『巴人集《はじんしゅう》』にも、天明3（1783）年正月7日に、扇屋にて朱楽菅江《あけらかんこう》や加保茶元成も交えた狂歌会が開かれ、重三郎も参加しているとの記述がある。

このような歌会や宴会を通じて構築された人脈によって、重三郎は若手の有能文化人を次々と手中に収めた。鶴屋独占だった京伝を引き抜き、続いて大田南畝と恋川春町を獲得。絵師の志水燕十《しみずえんじゅう》や喜多川歌麿をも囲い込み、黄表紙本を手掛けさせる。この若手有力文化人の獲得・引き抜きによって蔦屋の独走は強化され、多様な作品群は江戸の出版文化を華やかに彩ったのである。

では、重三郎はどうやって優秀な人材を見抜いたのだろうか。実績ある人物なら見分けも容易だが、駆け出しの若手であれば難しいはずだ。

重三郎に慧眼《けいがん》があったという評判に間違いはない。だがそれに加え、お抱えの絵師・戯作家の紹介も大きかったようだ。

京伝は北尾重政の弟子であり、歌麿も重政と師弟同然の関係だった。朋誠堂喜三二と恋川春町は友人にして鱗形屋の元同僚だ。優秀な人材を求める重三郎に重政が見込みある弟子を紹介し、喜三二が断筆状態だった春町を蔦屋傘下に誘ったともいわれる。

重三郎にしても、信頼に足る人物からの紹介なら安心して勧誘工作ができたはずだ。まさに才人が別の奇才を連れてくるという好循環である。

構築した人脈を利用した安定した質の確保。それもまた、蔦屋を支えた原動力だったのだ。

異なるジャンルの組み合わせ、狂歌と浮世絵の融合

沈静化するブームへの次の一手

天明の狂歌ブームは、有力狂歌師を囲い込んだ蔦屋重三郎の優勢で進んでいた。だが江戸を賑わせた流行も、天明5（1785）年ごろには落ち着きを見せ、重三郎は事業展開の変化に迫られつつあった。

流行が沈静化した場合、企業が取る道は複数ある。撤退の準備をはじめるか、ブームの再燃を信じてさらに攻めるか、規模を縮小して手堅い商法に切り替えるか、だ。

重三郎が選んだのは、さらなる攻勢であった。しかし、ただ新しい本を出すだけでは飽きられる。そこでまったく新しい手法を生み出し、狂歌ブームをさらに押し上げたのである。

新たな手法というのが「狂歌絵本」だ。当時の流行だった狂歌本に浮世絵を合わ

せた形式の本で、狂歌師と浮世絵師のコラボ戦略で攻めたのだ。

俳諧と浮世絵のコラボは前例がある。明和7（1770）年には、『青楼美人合《せいろうびじんあわせ》』で鈴木春信《はるのぶ》が挿絵を務めている。ほかにも両ジャンルを合わせた例はあったとされ、安永5（1776）年刊行の『青楼美人合姿鏡《すがたかがみ》』（北尾重政・勝川春章《しゅんしょう》合筆）下巻も、遊女の発句を載せた絵本形式であった。

『青楼美人合姿鏡』には重三郎も序文を寄せており、俳諧絵本の存在をすでに知っていた。つまり狂歌絵本は、伝統の焼きまわしでもあったのだ。

ならば、まったく新しい手法というのは誤りか、といえば、そんなことはない。重三郎の新しさは、俳諧ではなく狂歌をメインに置き、さらに新時代の人材を用いるという、天明の感性と流行に合わせた形で、伝統品を当時最新の芸術作に再生したことだ。

事業展開に必要な一流の絵師や狂歌師は、すでに吉原で形成した人材ネットワークで確保済みである。加えて経営も順調なので、新事業をおこなう資金的な余力もあった。そうした環境にも支えられ、狂歌絵本戦略は滞りなくはじめられることになったのだ。

狂歌絵本最大のヒット作『吾妻曲狂歌文庫』

狂歌絵本の最初期にして最大のヒット作が『吾妻曲《あずまぶり》狂歌文庫』だ。天明6（1786）年に出版されたこの本は、歌人の肖像画にプロフィールと代表的な作品を合わせた歌仙絵の形式を取っていた。

そこに描かれる50人の狂歌師たちは、多くが当時を代表した一流文化人。朱楽菅江、恋川春町、朋誠堂喜三二といった蔦屋お抱えの狂歌師はもちろん、5代目市川団十郎も紹介されている。当時は狂歌ブームに便乗して狂歌師となる役者も多く、5代目団十郎も狂歌を残していたので掲載されたのだ。

狂歌絵本の大ヒット作『吾妻曲狂歌文庫』
天明6（1786）年（提供：東京都立中央図書館）

挿絵の担当は北尾政演《まさのぶ》（山東京伝）、序文は宿屋飯盛が提供し、各狂歌を代筆したのは四方赤良《よものあから》（大田南畝）。当時の蔦屋が誇る新鋭青年絵師と主力作家のコラボレーションだ。

鮮やかな色彩を用い、狂歌師たちの個性で表現した構図が特徴の絵と、各狂歌師の歌を楽しめる『吾妻曲狂歌文庫』は、狂歌マニアを中心に販売も好調。大判で美しい挿絵もあるため、通常の狂歌本より高額だったとされる。それでも『吾妻曲狂歌文庫』はベストセラーを記録し、改訂をしつつ後刷を重ねることになった。

しかし、紹介された狂歌師は蔦屋お抱えの者が多く、それ以外も京伝の狂歌グループ「四方連」の加入者に偏っていた。これに対する批判と本の大ヒットを受けて、重三郎は翌年に『古今狂歌袋《ここんきょうかぶくろ》』を刊行。絵師や作家はそのままに、狂歌師の収録数を100人にまで増やした事実上の続編である。

もちろん、身内以外の狂歌師も増やした。これもまた重三郎の期待どおりにヒットを飛ばし、天明狂歌ブームは再燃したのである。

喜多川歌麿のブレイクに連なった狂歌絵本展開

2作連続の成功によって、重三郎は狂歌絵本の展開をますます拡大させていく。

すでに述べたとおり、天明6年の段階で、狂歌文庫以外にも『絵本八十宇治川《やそうじがわ》』『絵本吾妻抉《あずまからげ》』『絵本江戸爵《すずめ》』を相次いで刊行。うち前者の2冊を担当したのは北尾重政、最後の1冊を描いたのは、当時新鋭絵師だった喜多川歌麿だった。

歌麿は絵の才に秀でただけでなく、筆綾丸《ふでのあやまる》の狂歌名で重三郎の連に入っていた。狂歌と絵の両方に精通していたので、重三郎が抜擢《ばってき》したという。

江戸の名所とそれに合わせた狂歌を載せた『絵本江戸爵』以降、狂歌絵本の主力は重政から歌麿に移っていく。天明8（1788）年には『画本虫撰《えほんむしえらみ》』と『潮干《しおひ》のつと』、翌年は『狂月坊《きょうげつぼう》』と『鮎詞夷《わかえびす》』、さらにその翌年には宿屋飯盛の歌撰で『銀世界』の絵を担当し、白と彩色の対比をうまく使った雪の表現が高く評価された。

これらを含む狂歌絵本を次々と出版していき、重三郎は業界内の優位を確立していく。有力作家と絵師を独占されたほかの版元は有力な手を打てず、天明狂歌ブームの後期は蔦屋の独壇場となっていった。

そして歌麿もまた絵本絵師として名声を高め、のちの浮世絵展開へとつながっていくのである。

重三郎が狂歌絵本の展開に成功したのは、コラボ商法と文化人の独占だけではない。古い手法でもアレンジ次第で新時代の流行へと昇華することが可能で、ブームの再燃に成功すれば業界の主導権を掌握できる。現代ビジネスにも通じる手法が、そこにはあったのだ。

社会不安に乗じた政治風刺黄表紙の量産

政治不信と天災が引き起こした社会不安

蔦屋重三郎が黄表紙や狂歌本、洒落本など次々にヒット作を出した時代、田沼意次は経済振興を主眼に据えたさまざまな政策を実行。その政策は、重三郎にとっての「追い風」だった。地方の農村まで貨幣経済が浸透し、花開いた自由な江戸の文化と重三郎の気風はピタリとマッチしたのである。

その半面、長きにわたる幕府政治にも歪《ゆが》みが生じはじめる。旧習を守り過ぎることによるマンネリズムや停滞も、あちこちで見えつつあった。

賄賂の横行などの政治の腐敗が目立ち、庶民の幕府に対する不満が募る。さらには浅間山の噴火や天明の飢饉といった天災も相次ぎ、全国の農民は困窮。江戸や大坂の都市部だけでなく、全国の米屋が襲撃される事件が相次ぎ(天明の打ちこわし)、幕府や諸藩に衝撃を与えた。

しかし、こういった社会不安の空気もまた、重三郎は多くのライバル版元から頭ひとつ抜きん出る好機と捉えたのだ。

ライバル不在の間隙を突いたパロディ作

10代将軍家治の死去で田沼意次が失脚すると、松平定信が「寛政の改革」をスタートさせる。この改革では、政治批判がましい出版物や、風俗の悪化を乱す洒落本や黄表紙などの貸出・売買が禁じられてしまう。大衆の娯楽にまでおよぶ厳しい規制に、田沼政治とはまた違った鬱憤《うっぷん》と社会不安が漂いはじめた。繰り返す政界の急変に対し、民衆は政治に対する深い関心を示すようになる。そのはけ口を求めたのが文学だった。

版元、貸本屋を営む重三郎にとって、出版規制は致命的ではあった。だが重三郎は、この「大衆の政治への関心度の高まり」に着目し、出版規制を逆手に取る。四角四面な定信の改革を痛烈に批判した政治風刺黄表紙を、厳しくなる取り締まりをかいくぐり、刊行する決断をしたのである。

幕府の検閲を怖がり、ほかの版元は黄表紙や洒落本を出さなかった。このライバル不在の状況が後押しし、重三郎の出した黄表紙は空前の大ヒットとなる。それが、天明8（1788）年に刊行された、朋誠堂喜三二作の『文武二道万石通《ぶんぶにどうまんごくどおし》』だ。

すでに述べたとおり、田沼一派の失脚から松平定信による寛政の改革の断行、それによる武士たちの狼狽《ろうばい》ぶりをうがった物語で、一応鎌倉時代の設定はとっているものの、挿絵ですぐに政治風刺であることはわかる。いわば時代を変えたパロディ化である。

この大ヒットを受け、翌年には、恋川春町作、北尾政美画で『鸚鵡《おうむ》返《がえし》文武《ぶんぶ》二道《のふたみち》』を刊行。こちらも、寛政改革治下に動揺する人の心を茶化した物語であった。

民衆の求めているものを的確に届ける

両方とも、人の心や世相の穴を突く「うがち」と、すべてを面白おかしく冗談めかす「ちゃかし」というテクニックを使って、当時の閉塞《へいそく》感にさいなまれた社会をシニカルに笑い飛ばした快作だ。明治時代に自由民権運動で政治を批判した「演歌」が歌われ、現在でも政権を批判するコメディが演じられるが、重三郎は約240年も前に、それを実行したのだ。

重三郎自身に「政治と社会を正す」という強い意志があったとはいえない。しかし、多少の危険は覚悟のうえで、人々が求めているものを的確に供給するという行動は、商人としての基本中の基本である。

重三郎の黄表紙を読み、民衆は政治への不満に対して溜飲を下げる。それが大きなヒットにつながったことは間違いない。いきなり刊行が減った黄表紙に、読者が飢えていたこともあっただろう。しかし、何よりも、出版規制をものともせず、黄表紙刊行を続けた重三郎の行動そのものが、改革への不満を高めていた江戸庶民を喜ばせた。

2作は次々と版を重ねるヒットとなり製本が間に合わず、バラバラの紙と製本用の糸をそのまま荷車に積み込んで小売業者に回ったという。これにより、重三郎の耕書堂は、当時激化していたライバル版元との黄表紙競争から一歩抜きん出た存在となる。

この風刺黄表紙の量産が、幕府の目に留まることとなったのは、すでに書いたとおり。そこから恋川春町の死、山東京伝の処罰につながってしまうのは、残念な結果といわざるを得ない。

重三郎は、蔦屋の切り札・写楽をどう売り出したか？

生い立ちに謎が多い東洲斎写楽

晩年の蔦屋重三郎が抜擢した浮世絵師が東洲斎写楽《とうしゅうさいしゃらく》だ。ただ、寛政年間（1789〜1801）の江戸に突如現れた写楽は、多くが謎に包まれている。

天保15（1844）年刊行の『増補浮世絵類考』（斎藤月岑《げっしん》編）にある「俗称斎藤十郎兵衛、居八丁堀に住す阿波《あわ》侯の能役者也、号東洲斎」という記述から、阿波国徳島藩お抱えの能役者、斎藤十郎兵衛であるとされている。

しかし生年、出身地、生い立ちなど不明な点は多く、絵師となった経緯すらわかっていない。唯一判明しているのは、わずか10か月で140点以上の作品を生み出し、彗星《すいせい》のごとく現れて活躍し、忽然《こつぜん》と姿を消したということだけだ。

当然、重三郎と接点をもった時期も理由も不明のまま。しかし、重三郎が写楽の才を見いだし、改革規制下の切り札としたことは、まぎれもない事実である。そして1年も満たない期間で大量の役者絵を世に送り出し、当時の浮世絵界に多大な衝撃を与えることになったのである。

歌舞伎界の低迷に便乗した出版攻勢

安永から寛政年間までの役者絵界は、勝川春章とその一派の独占状態にあった。しかし、長期にわたる勝川派の独走態勢に飽きを感じる大衆も多く、春章の弟子たちは新スタイルの確立を模索していた。

しかし、うまくは進まない。鳥居清長に牛耳られた期間が長すぎ、停滞状態だった美人画界と状況は似ている。この場合は、重三郎お抱えの喜多川歌麿が見事に主導権を交代させていたので、役者絵界での再現を試みたとしても不思議ではない。そのほかには、歌舞伎界の低迷も挙げられる。寛政初期の歌舞伎界は人気の停滞が続き、奉行所公認の芝居小屋「江戸三座」も、権利を譲られた代理の劇場「控《ひかえ》櫓《やぐら》」が興行をおこなうほどだった。

重三郎はそこに勝機を見た。役者絵の制作料も全体的に落ち込んでいる中では、新規参入もたやすくライバルも少ない。売り出しに成功すれば、有名役者絵師の地位を丸ごと奪うことになり、歌舞伎界を活性化できれば芝居の分野にも影響力をもてる。まさに歌麿や狂歌絵本で見せた手腕の再現だ。

当初、重三郎が期待を寄せたのは勝川春朗こと葛飾北斎だった。ただし、この試みは寛政４（１７９２）年ごろから、わずか2年程度で終わっている。その理由は、北斎の絵のクオリティに重三郎が満足しなかったためだという。

なお、その後は北斎に黄表紙の挿絵をさせつつ売り込みの形を模索していたものの、形になる前に重三郎は他界している。

北斎の展開に失敗した重三郎が次に抜擢したのが写楽である。接触した経緯などは不明ではあるが、重三郎が写楽の才に賭けたことだけは確かだ。それは最初期のプロデュース方法にも表れている。

写楽のデビューは寛政6（1794）年5月。役者絵の販売数が最も上がるのは顔見世興行のある11月か正月なので、シーズンを外しての登場だった。

このとき出版された作品数は28図。そのすべてが大判雲母摺《きらずり》の大首絵だった。豪華な大首絵を初手から大量出版するという手法で、人々の度肝を抜いたのである。

この時期に大量出版攻勢をかけたのは、松平定信引退による規制緩和への期待、もしくは単なる準備不足とも考えられている。

4段階に分けられる写楽の画風

写楽の画風は第1期から第4期までに分類される。第1期はデビューした年の5月から6月までに手掛けた絵だ。インパクトの強い大首絵を採用し、背景は人物より際立たせる黒雲母摺となっている。有名な役者だけではなく、わき役や位付の低い役者も描いているのが特徴である。そして重三郎の大量投入戦略で、人々を最も驚愕《きようがく》させた時期でもある。写楽の代表作のひとつ『大谷鬼次《おにじ》の奴《やつこ》江戸兵衛』もこの時期に描かれたものだ。

同年7月からは第2期にあたり、大首絵から全身像に変化している。大判では複

『大谷鬼次の奴江戸兵衛』寛政6（1794）年

数人を描く形式としたのも特徴で、役者だけでなく場の雰囲気を描き出す工夫を試みたのだ。篠塚浦《しのづかうら》右《え》衛門《もん》などの口上役も描いているのが興味深い。

11月の顔見世興行を描いたのが第3期。細判《ほそばん》全身絵だけでなく大首絵も復活したが、間判《あいばん》という小型の判型を使っている。役者の屋号と俳名も記載するなど勝川派の模倣的要素も目立ち、相撲絵にも進出した。当時7歳にして怪力で知られた大童山文五郎《だいどうざんぶんごろう》の土俵入りや碁盤上げを描いた絵は、少年の巨軀《きょく》とあどけなさの両立が面白い。

翌年1月からの第4期は、故人の訃報と冥福を祈る追善絵や歴史上の人物を描く武者絵も増加している。役者絵は細判の全身像に立ち戻っているが、この第4期をもって写楽は姿を消した。

写楽の評価、江戸時代とその後

写楽に対する世間や同業者からの評価は賛否両論だった。原因は画風にある。たとえば、写楽と同時期に活躍した歌川豊国《うたがわとよくに》は役者の美を強調した作風で人気を得た。だが写楽は、役者の内面や人間性を重んじている。女形の男性的要素や、役者の欠点すらも生々しく描き出したのである。

ただ、そのような写実的手法を敬遠する文化人も多かった。山東京伝も、増補前の『浮世絵類考』にて「あまりに真をかかんとてあらぬさまに書きなせしかば長く世におこなわれず（真実を描こうとしすぎて望ましくない形になった）」と酷評。歌麿も自身の役者絵に「わるくせをにせたる似つら絵にあらず（悪癖を似せた絵ではありません）」と注意書きをして、暗に写楽を批判していた。

写楽の早期引退は、こうした批判でモチベーションを失ったためという説もある。

しかし庶民から人気を得ていたことは、4期まで続いた出版が物語っているし、栄松斎長喜《えいしょうさいちょうき》のように写楽作品を画中画として問い入れた絵師も多い。十返舎一九《じっぺんしゃいっく》も黄表紙『初登山手習方帖《しょとざんてならいじょう》』にて写楽の凧絵を描き込んでおり、すべての文化人が忌諱《きい》したわけでもない。

また、文化年間の末期に『浮世絵類考』を増補した加藤曳尾庵《えびあん》も、写楽の項目に

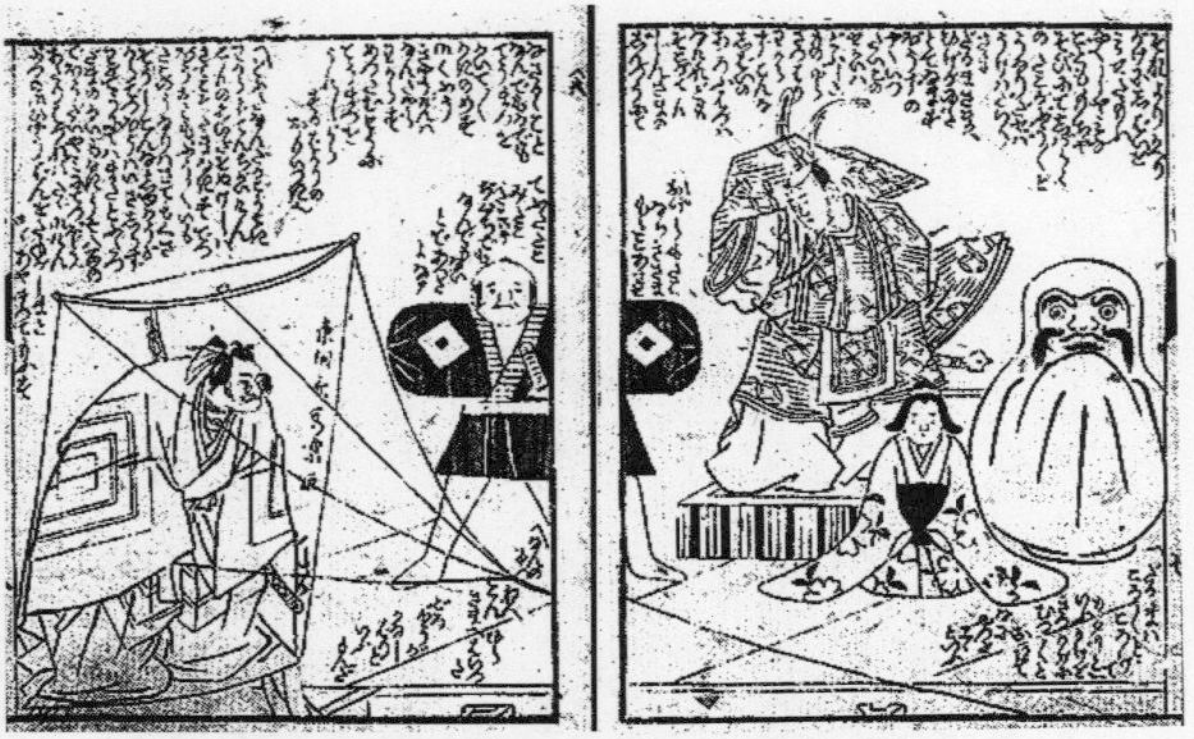

写楽の凧絵が描かれた『初登山手習方帖』
（提供：国立国会図書館デジタルコレクション）

「しかしながら筆力雅趣ありて賞すべし」と追加したように、再評価の動きもあったのだ。

　再評価が活発化したのは大正時代のこと。ドイツ人のユリウス・クルトが『写楽』という伝記を書いたことにある。クルトが写楽を世界三大肖像画家のひとりとした、という話はデマだが、海外でも注目されたことは間違いない。その評判が日本にも伝わり、写楽の名声が高まったのである。

　写楽による役者絵業界の掌握という重三郎の野望は、結局失敗に終わっている。だが、写楽という稀代《きだい》の天才を発掘し、日本絵画史を動かしたことは重三郎の大きな功績のひとつなのだ。

流行や規制に即応した、柔軟な事業転換

みたい。

蔦屋重三郎の経営手腕

蔦屋重三郎はプロデューサーとしてだけでなく、経営手腕にも秀でていた。それは耕書堂の業務展開からもわかる。そんな経営手腕を、改めて振り返ってまとめてみたい。

開業当時の重三郎は独立を選ばず、大手版元鱗形屋の下請けとしてスタートしている。現在でも起業した直後は業界のルールや経営ノウハウについてはわからないことが多く、知ってはいても実際は勝手が違うこともよくある話だ。江戸時代の書店は編集、製版、製本もおこなうので、経営難度はいま以上だっただろう。

しかし大手の下からはじめれば、支援を受けつつ業界や書店営業についても学べる。一方で貸本屋も兼業し、手堅く経営を進めていた。そして鱗形屋の訴訟と停滞に応じてみずから『吉原細見』を出版し、シェアを奪うとともに版元としても完全な独立を果たした。

その後も取引は続いたようだが、天明期に鱗形屋は出版業界の影響力をほぼ失い、

重三郎の独走態勢が確立することになる。

このように、重三郎は初手から最適な事業形態を選択し、状況を鑑《かんが》みて臨機応変に対応していく。これは展開した出版物にも当てはまっている。

機を見る才によって、ライバルを出し抜く

重三郎は、流行や世相に応じて扱うジャンルを変更してきた。「生き馬の目を抜く」というほどに人やモノの動きが速い江戸で生き残るには、機を見る才が何よりも必要だったのだ。

『吉原細見』の恒久的な需要に目をつけたのか、最大手の鱗形屋で編集・販売に携わると、蔦屋版を安永4（1775）年7月から発売してシェアを奪った。そして世間の富本節ブームを嗅ぎつけると、正本《しょうほん》と稽古本《けいこぼん》の需要を見越して出版に漕ぎつける。

これらで注目するべきは、ただ流行に便乗するだけでなく、長期的な需要と利益を見越した商品選択をし、質の高さにもこだわった点にある。それによって通の読者にも受け入れられ、ただの便乗で終わることを防いだのだ。

また黄表紙ブームの到来時にも参入はしたのだが、すぐには本格的に手を出していない。鱗形屋と恋川春町による黄表紙誕生は安永4（1775）年。蔦屋の黄表紙展開本格化は安永9（1780）年と5年も開いている。

この時期は、鱗形屋が経営不振で出版が停滞した時期とほぼ一致している。つまりは『吉原細見』と同じくライバル不在の隙を狙ったのだ。しかも朋誠堂喜三二など、元鱗形屋の人材を取り込んでいる。

物事は他者より先んじればいいというものではなく、参入には適切なタイミングが必要だ。それを見極められた重三郎は、やはり機を見るに敏《びん》だったのだろう。

逆境を利用し、臨機応変に事業を変化

重三郎の機を見る力は、逆境でも発揮されている。

重三郎の後半生は、狂歌ブームの沈静化、田沼時代の終焉《しゅうえん》と寛政の改革による出版規制の強化、幕府による厳罰処分と危機が幾度も襲っていた。そのすべてを、持ち前の機転で打破している。

狂歌ブームの後半には、浮世絵師と狂歌師のコラボ戦略で攻めに出た。この狂歌絵本は想定どおりにヒットを飛ばし、狂歌ブームの再燃と蔦屋独走を実現した。寛政の改革のスタートを、逆に商機と捉えたのだ。

民衆の改革への失望を利用し、皮肉と風刺を描いた黄表紙に事業をシフト。なかでも朋誠堂喜三二の『文武二道万石通』と恋川春町『鸚鵡返文武二道』はベストセラーを記録する。ただ、それゆえに幕府に目をつけられ、重三郎の処罰やお抱え作家の活動自粛につながってしまったことは、すでに何度もふれたとおりだ。

黄表紙の販売体制崩壊に対しても、重三郎は機敏に対応している。浮世絵展開はもちろんのこと、学術書にも力を入れた。寛政の改革による学問奨励に便乗したのである。そのため寛政3（1791）年に書物問屋の株を手に入れ、絵と往来物の2本柱で規制下を乗り切ろうとした。

このように、重三郎は流行や世相に応じて臨機応変に事業展開を変化させていた。けっしてひとつのジャンルにこだわらない柔軟性も蔦屋躍進の秘密であり、その発想と着目点、機敏な動きは現在のビジネスシーンでも、必要不可欠な要素でもあり得るのだ。

4

蔦重を生み、知識人が集《つど》った「吉原」という別世界

――江戸文化の発信地となった特異な事情――

吉原はどのようにして生まれたか？

行楽地でもあった幕府公認の遊郭

蔦屋重三郎の生誕地にして活躍の場でもある吉原は、江戸幕府公認の遊郭だ。現代の感覚でいえば、政府公認の風俗街ということになる。しかしその実態は、単なる性風俗の地域だけにはとどまらなかった。吉原は江戸最大の観光名所であり、最先端文化の発信地でもあったのだ。

遊女の最高峰である花魁《おいらん》は一流の文化人としての一面ももち、男性の文化人たちは吉原をたびたび集会の場として利用している。そのときの体験を通じ、吉原を題材とした浄瑠璃、戯作、浮世絵、音曲《おんぎょく》なども数多くつくられている。地方の人でも、江戸へ旅行したときは、老若男女を問わずに吉原見物を目当てのひとつとし、参勤交代で江戸入りした地方武士も吉原にいきたがったという。

また、女性にとっても吉原は身近な場所だった。1年を通じてさまざまな行事がおこなわれているために、行楽気分で足を運ぶ子ども連れも多かったという。花魁の髪型や着物は女性たちの憧れの的となり、流行ファッションの発信地としても機能していた。

まさに、江戸文化と吉原は切っても切れない関係にあるといえるのだ。

江戸に集まる男性と遊郭業者たち

吉原の誕生は江戸幕府の開設と密接にかかわっている。慶長8（1603）年に徳川家康が江戸に幕府を開くと、江戸城や城下町の整備のために各地から武士や職人が集まった。それによって江戸の男性人口が爆発的に増え、男客を目当てとする傾城屋《けいせいや》（娼館）も移転してきた。

急激な傾城屋の増加で幕府は慶長10（1605）年に遊女追放令を出しているが、それでも江戸への遊女の流入は止まらず、ついには黙認するしかなくなった。

そうしたさなかの慶長17（1612）年、楼主の庄司甚右衛門《しょうじじんえもん》は町奉行に遊女町の設立要望書を提出。甚内が語った設立の必要性は3つだった。

すでに私的な遊女町を建設した上方《かみがた》の前例があること。傾城屋や遊女通いの武士の監視が容易になること。関ヶ原の戦いで敗れた西軍の残党が、傾城屋へ潜伏することを防ぐことだった。つまりは上方への優位と治安維持を口実としたのだ。

ただし、当初この申し出に対する回答は先送りにされ、許可が下りたのは大坂の陣の戦後処理が一段落した元和《げんな》3（1617）年。幕府は甚内に対して、「元和五か条」と呼ばれる条件をつけたうえで、江戸の1か所に限り遊郭設置の許可を与えた。「遊郭外での傾城屋営業禁止」「客の1日一夜以上の宿泊禁止」「遊女の贅沢《ぜいたく》な服装禁止」「店の華美な装飾禁止」「不審者の通報義務」という条件を、町奉行・嶋田利政を介して通達。甚内は公許のもとで遊郭町の建設を開始したのである。

ただし、吉原が幕府初の公認遊郭ではない。慶長16（1611）年には、名古屋城建設に集結した職人のため、徳川家康の命で尾張（現名古屋市）に「飛田屋町遊郭」が誕生している。なお、この遊郭は名古屋城の築城後に解体されている。

吉原という名の由来と移転事業

幕府から与えられた場所は、現在の東京都中央区日本橋人形町《にんぎょうちょう》のあたりだった。当時の人形町は湿地帯でヨシが生い茂っていた。このヨシを刈りとってつくられた町なので、当初は「葭原」と名づけられ、のちに縁起のいい「吉」の字に変えて「吉原」になったという。もしくは、甚右衛門が東海道の吉原宿出身であったことが由来ともいわれる。

そうして吉原は、翌元和4（1618）年より営業を開始。当初は湿地帯しかなかった一帯も、次第に鎌倉、京都、大坂出身の傾城屋と遊女が集まり、江戸の発展もあって集落が形成されていく。夜間営業が禁じられていたので、妓楼《ぎろう》（遊女屋）から揚屋《あげや》（店）に遊女を呼び寄せる「揚屋制度」が主流となっていた。

大名や武士の間で人気を博した吉原は、その発展から幕府に警戒を強められることにもなった。治安悪化への懸念を理由に、立ち退きを命じられたのだ。明暦《めいれき》2（1656）年のことである。

移転の引き換えとして、代替地は本所（現墨田区）か日本堤（現台東区）から選択することが許され、約1万5000両の移転資金も支給された。また町割りの5割増しや夜間営業の許可といった見返りも用意されたことにより、名主たちは人形町に近い日本堤への移転を決定する。そして明暦3（1657）年に発生した明暦の大火で吉原が全焼したこともあり、移転は実行に移されたのだ。

高級路線から大衆路線への転換

明暦の大火後、遊女屋は近隣農村で仮営業をおこなっていた。吉原通いを「山谷《さんや》通い」と呼ぶのも、山谷村（現台東区）などを仮宅とした時期の名残だという。6月15日から16日にかけておこなわれた移転では、引っ越し先へと向かう遊女たちを目当てとした人々で道中がごった返し、大名行列さながらの様相であったという。そうして新たな吉原は8月から営業を再開。なお、この新しい吉原は「新吉原」と呼ぶのが正しいが、本書では「吉原」で統一する。

移転後の吉原は約2万767坪の敷地面積をもち、周囲は「お歯黒どぶ」と呼ばれる堀と忍返《しのびがえ》しつき（侵入を防ぐ鋭利な造作）の黒板塀で囲んでいた。その囲いの中で、1万人もの遊女、妓楼関係者、商人などが生活していた。

吉原外の遊女は幕府が徹底弾圧した。そのため、江戸で唯一遊女のいる吉原は、万治2（1659）年には「華やかな　昔に万治　二年哉《かな》」と詠われたほどの盛況をみせていたのだ。

享保年間（1716～36）になると、江戸の経済成長で裕福な町人が増加し、吉原の客層に加わっていった。反対に武士は藩や幕府の財政難で窮乏《きゆうぼう》し、次第に吉原から遠のいていく。この流れが決定的となったのが宝暦年間（1751～64）である。

このころ、非公認の遊里である岡場所が、吉原より格安で楽しめるということで人気を博す。次々に客が流れてしまい、高級路線の吉原は窮地に立たされることになる。そのため吉原は、揚屋制度の廃止といった改革で町人向け路線に入らざるをえなかった。最高級遊女である「太夫《たゆう》」の位も、宝暦の時代になくなっている。

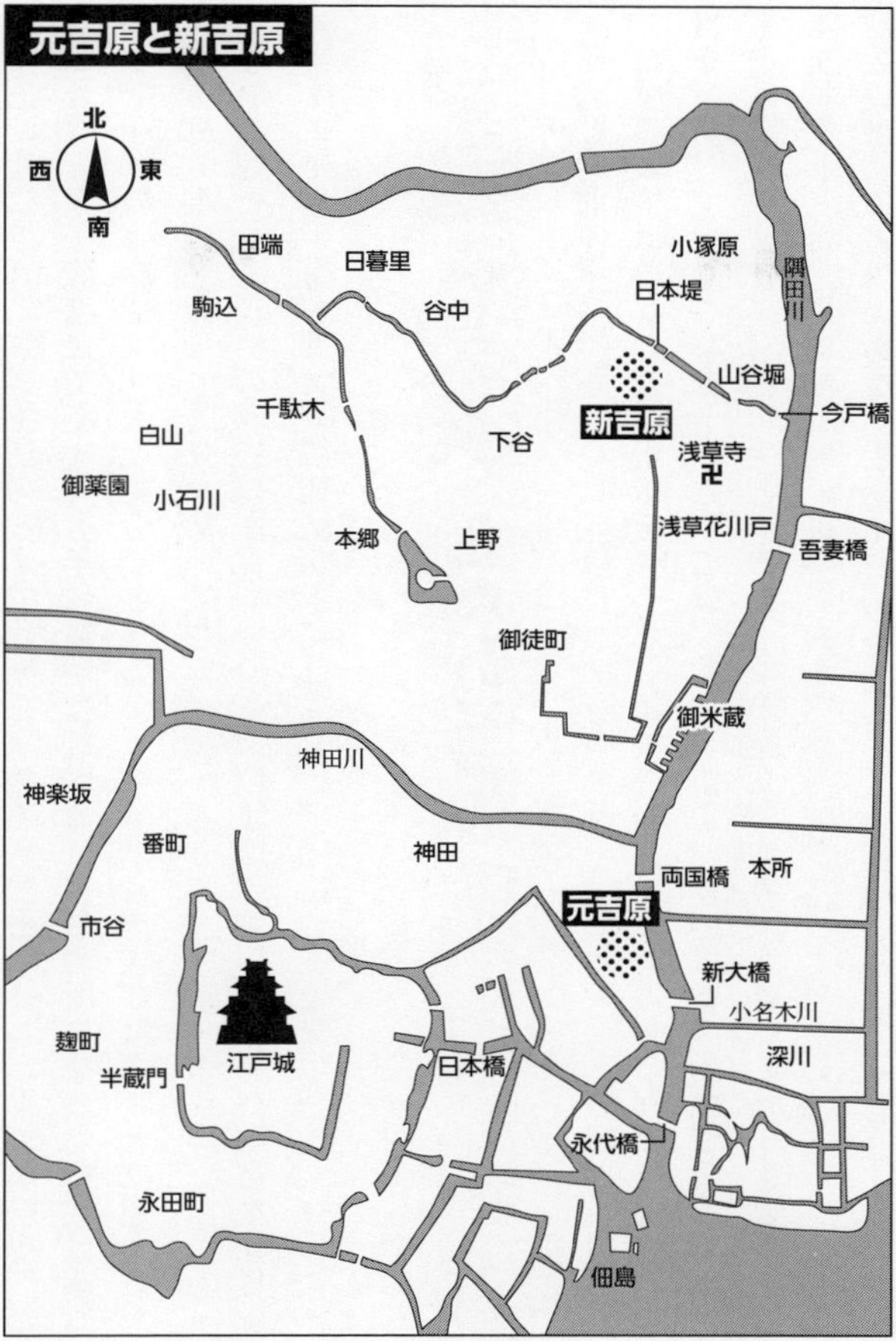
元吉原と新吉原
北
西
東
南
田端
日暮里
小塚原
隅田川
日本堤
駒込
谷中
山谷堀
千駄木
新吉原
今戸橋
白山
下谷
浅草寺
御薬園
小石川
浅草花川戸
本郷
上野
吾妻橋
御徒町
御米蔵
神田川
神楽坂
番町
神田
両国橋
本所
元吉原
市谷
新大橋
小名木川
麹町
江戸城
日本橋
深川
半蔵門
永代橋
永田町
佃島

田沼時代には好景気と生活の安定で娯楽を求める庶民も増加し、上流階級専門だった吉原も、一般庶民であっても年に数回は遊べるほどの場所になる。格式は落ちるが、それによって文化人が集会場とするケースも増え、吉原は従来とは違った形での繁栄を見せることになるのだった。

幕府公認として別格の存在感を保ちつつも、岡場所の興隆で大衆化改革を余儀なくされた吉原。重三郎が活躍した時代の吉原は、そうした難しい状況下にあったのだ。

一流の文化人だった「花魁」の実態

花魁登場前の遊女階級

吉原の妓楼は遊女の間に階級をつくり、競争心の誘発による質の向上で上客の獲得を目指していた。移転前の吉原では、太夫、格子《こうし》、端《はし》の3つの階級が設けられ、太夫は大名や幕府高官を相手とする最上位の遊女であり、2番目の格子も高禄の武士を相手とした。端《はし》は最下層の遊女である。

太夫は吉原以外の遊郭でも最上位の称号で、とくに寛永年間（1624～44）に活躍した吉原の高尾太夫《たかおだゆう》、島原（京）の吉野太夫、新町（大坂）の夕霧《ゆうぎり》太夫は、「寛永三名妓」と呼称されるほどだった。なお島原では、現在も太夫が存続している。

吉原の日本橋から日本堤への移転直前には、端の中から局《つぼね》という新たな階級が分裂し、格子の下に置かれる。移転後には幕府の取り締まりにより各地の私娼が吉原行きとなり、散茶《さんちゃ》という新たな階級が形成される。この散茶は局と同等の扱いを受け、太夫、格子、散茶と局、端という4階級となったのだ。

日本堤への移転後、局は分裂ののちに消滅し、端も宝暦年間までになくなった。太夫や格子も吉原の大衆路線化で需要がなくなる。そして新たに最上位となった散茶が、やがて花魁と呼ばれるようになったのである。

田沼時代における遊女の階級と花魁の仕事

最高位の花魁だが、そこにも3つの階級があり、上から「呼出し（呼出し昼三《ちゅうさん》）」「昼三」「附廻し《つけまわし》」に区分された。上級遊女の花魁の下には、中級遊女の「部屋持」と「座敷持」がいる。ここからさらに、「五寸局《ごすんつぼね》」「並局」「切見世《きりみせ》女郎」が下級遊女として置かれる。

これが、宝暦年間から幕末まで続いた吉原遊女の基本的な序列である。厳密には、下級遊女から下にも「新造《しんぞう》」という見習い遊女や元遊女があり、彼女らは客を取らない。そして10代前半の雑用兼見習いの「禿《かむろ》」がいる。

花魁という名の由来は、新造や禿が自分のつく遊女を「おいらの姉さん」と呼び、これが訛《なま》って「おいらん」となったという説が有名だ。ただし、語源には諸説があり「おいらの姉さん説」も確実ではない。漢字の由来は、明の説話集『醒世恒言《せいせいこうげん》』にて美しい女性を指す「花魁」の字を当てたとされている。

吉原の風景として映画などでよく見られるのが、店先の紅殻《べんがら》格子の向こうに座って客を引く「顔見世」だ。ただし、呼出しと昼三は顔見世をせず、指名を受けてから引手茶屋《ひきでぢゃや》で客と顔を合わせた。このときの引手茶屋までの行列が、有名な「花魁道中」である。

また、花魁が出向いて予約客を迎えることもあり、これを「仲の町張り」といって、やはり花魁道中がおこなわれる。ほかにも、年始や祝日、新しい遊女のお披露目などのイベントの日にも、パレードとして実施されていた。

花魁の仕事は接客だけではなく、禿の教育も任されている。最低限の礼儀作法は店で仕込むが、その後は花魁の御付きとなって、食事の給仕や宴の雑用をさせられつつ、遊女としての教育を受けることになるのだ。

禿の衣装や食事代は「姉女郎」である花魁がもち、新造に上がる際に新調される着物や反物、元服の儀式にかかる費用も花魁が負担している。新造上がり当日に若衆先導でおこなわれる挨拶回りも、花魁が同行することになっていた。遊女のトップという立場である以上、新人教育もまた重要な仕事だったのである。

花魁に求められた高い教養

吉原遊女の世界には「一に顔、二に床《とこ》、三に手」という言葉があった。遊女として成功するには美貌、寝床での性技、疑似恋愛の駆け引きが必要だというのである。洒落本の『部屋三味線』に描かれたこの条件は、遊女として生きるには重要だっただろう。さらに花魁には、「教養」も欠かせなかった。

上級遊女の世界だと美貌はあって当たり前。むしろ上客である大名や豪商、上流文化人の話題についていき、風流な遊びができる教養と知識が重んじられたのだ。

そのために、各妓楼では禿のころから手習いをさせ、教養を身につけさせた。読み書きは一番に教えられ、習い事のため各方面の文化人を師匠として妓楼に招いた。遊女は吉原外に出られないためだ。習い事の種類も、書道や華道はもちろん、音楽、囲碁、将棋、茶道、和歌、俳句、絵画と多岐にわたっていた。こうした教育の結果、花魁は文化人としても高い教養を身につけたのである。

天明8（1788）年出版の遊女評判記『傾城鑑《けいせいけい》』に書かれた29人の遊女の評価欄にも、得意分野の紹介がされている。たとえば、松葉屋の瀬川は書、茶、和歌、香、琴。丁子屋の唐琴は琴、香、画が得意なことが記されており、遊女世界での教養の重要性が見て取れる。

妓楼主も俳諧などをたしなみ、上流の通人とも積極的にかかわった。「あふぎやへ行くので唐詩せんならい（扇屋にいくには漢詩くらいは習うべき）」という川柳も生まれたように、吉原の文化水準は客も遊郭側も高い状態が続いていたのだ。

もっとも教養を必要としたのは、吉原が上流客のみを相手とした太夫の時代。花魁が最高位となった時代は町人客も増えたので、教養の必要性は若干下がっている。それでも各種文化人との交流は多く、高い教養は接客のうえで無駄にはならなかった。若い文化人の中には、花魁との文化交流がすばらしい刺激になった者もいたはずだ。

こうした交流も創作意欲を刺激して、吉原と遊女は浮世絵、文学、芝居といった多様な作品の題材となっていく。そして、遊郭の人々が培った教養によって、文化地域としての吉原は支えられていたのだ。

『吉原細見』に学ぶ、吉原の遊び方

冊子に描かれた吉原の全体図

各妓楼の場所やそこに勤める遊女の詳細などを記した『吉原細見』は、寛永19（1642）年刊行の『吾妻物語』が最初とされ、その後も鱗形屋などの各版元が手掛けたこの冊子は、各書店や細身売りにより販売された。天明期には蔦屋重三郎の独占状態となったのは有名だ。

蔦屋が手掛けた寛政7（1795）年度版では、表紙をめくると月間行事の日時と序文が掲載されている。さらにめくると、吉原内外の地図がある。

日本堤はもともと隅田川の堤防で、待乳山《まっち》聖天社《やましょうでん》下から吉原までの道を「土手八丁」、その中でも衣紋坂《えもんざか》から吉原入り口までの道は「五十間道《ごじっけんみち》」と呼んだ。これらの両隣には茶屋や商店が立ち並び、吉原客を相手としていた。その一部分は『吉原細見』にも描かれている。

これらの道の先にあるのが、吉原の入り口である大門だ。吉原唯一の入り口である大門の開放時間は夜明けから夜四ツ（午後10時ごろ）となってはいたが、脇の袖門から自由に出入りができた。ただし、門脇の面番所には同心が駐在し、お尋ね者の侵入を常に監視していた。

この大門を南側として、東側に江戸町一丁目、揚屋町、京町一丁目、西側に江戸町二丁目、角町、京町二丁目という区画があり、中央部には「仲の町」という大通りが最奥の水道尻《すいどうじり》まで走っていた。これらの地域に200以上の妓楼と大勢の遊女がおり、あまりの多さに「遊女三千」とも呼ばれたという。

新吉原の郭の様子

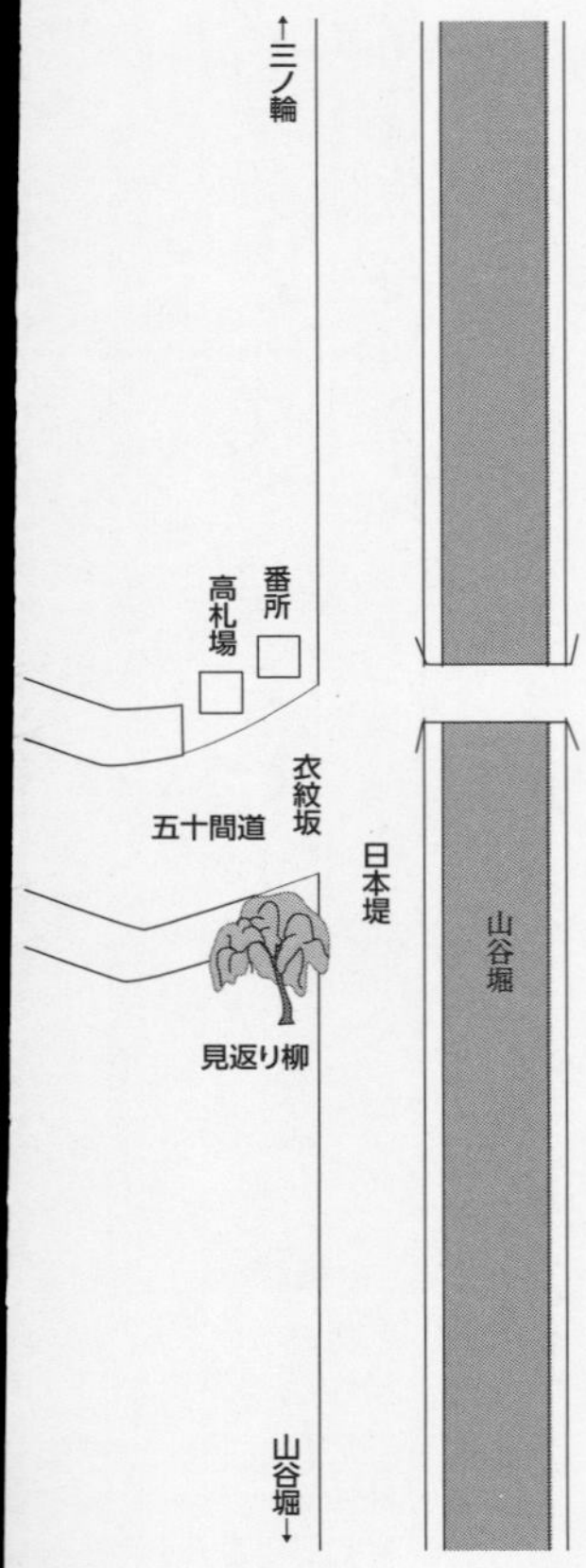

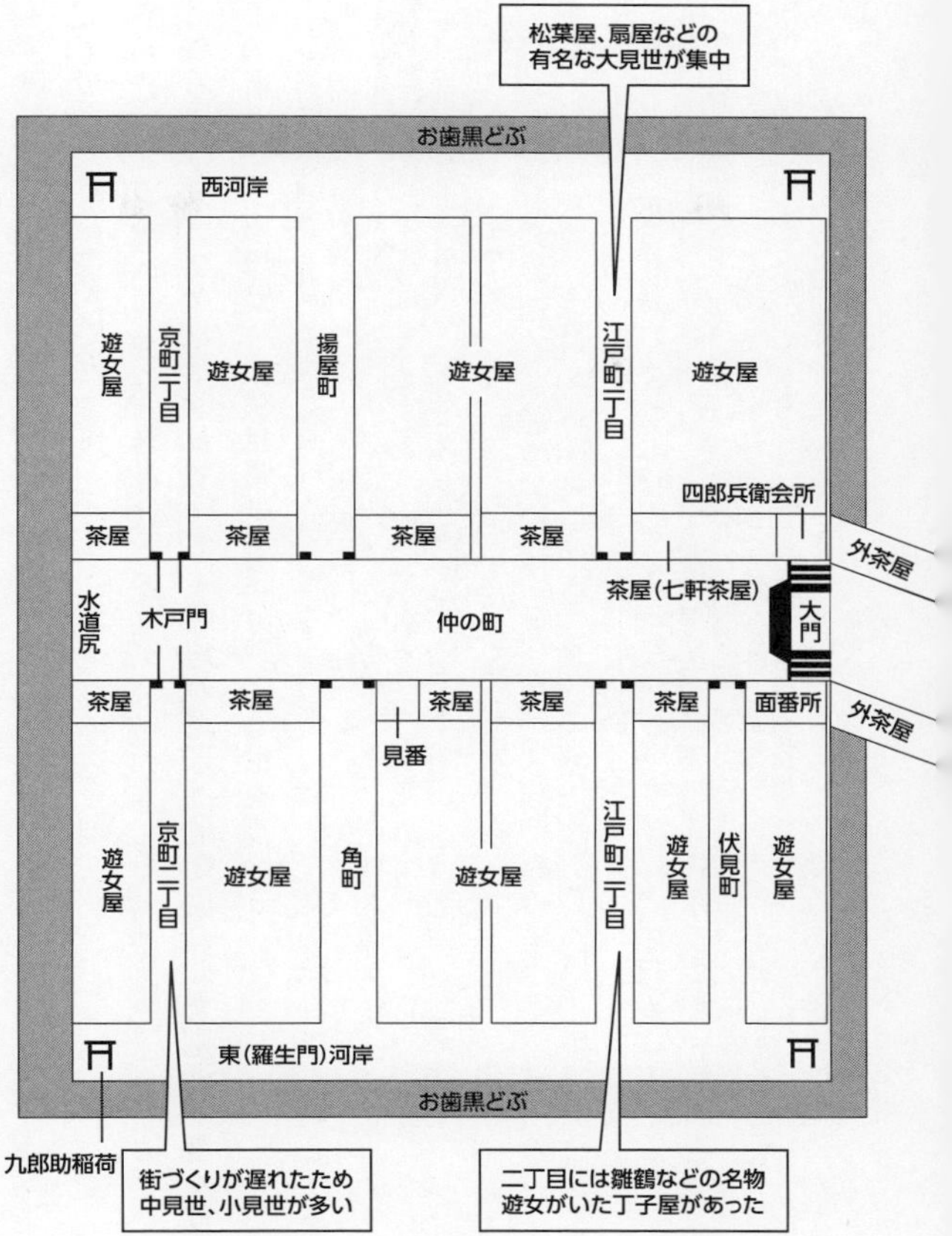
松葉屋、扇屋などの
有名な大見世が集中
お歯黒どぶ
西河岸
遊女屋
京町一丁目
遊女屋
揚屋町
遊女屋
江戸町一丁目
遊女屋
四郎兵衛会所
茶屋
茶屋
茶屋
茶屋
外茶屋
茶屋(七軒茶屋)
水道尻
木戸門
仲の町
大門
茶屋
茶屋
茶屋
茶屋
茶屋
面番所
外茶屋
見番
遊女屋
京町二丁目
遊女屋
角町
遊女屋
江戸町二丁目
遊女屋
伏見町
遊女屋
東(羅生門)河岸
お歯黒どぶ
九郎助稲荷
街づくりが遅れたため
中見世、小見世が多い
二丁目には雛鶴などの名物
遊女がいた丁子屋があった

これが『吉原細見』で描かれた、吉原の基本構造だ。

記号で示された階級区分

さらにページをめくると、各妓楼と遊女の一覧がある。妓楼は楼主名（家名）の上にある記号でランク分けされていて、四角の記号は最高位の「大見世」だ。昼三以上の遊女がいるほか、揚代は最低金二分以上と最も高い。

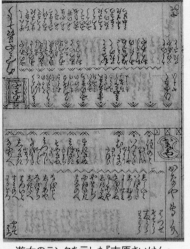

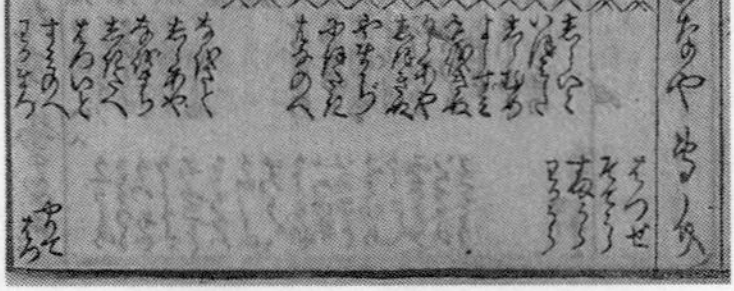
遊女のランクを示した『吉原さいけん』安永8(1779)年（提供：国立国会図書館デジタルコレクション）

丸の記号に三角をかぶせているのは「中見世」。金二分と金二朱の遊女をそろえた中堅である。丸記号のみの場合は、昼三のいない「小見世」となる。

このほかにも、お歯黒どぶ沿いには「河岸《かし》見世」という遊郭もあったが、引退済みの年齢や性病にかかっ載されていない。


た遊女も珍しくない最底辺の妓楼だけ。『吉原細見』にも、河岸見世については掲載されていない。

遊女の位は名前の上にある記号の形で分類される。「∧」をふたつ合わせ、その下に星記号のある場合は上級遊女を示し、星の数がひとつで昼三、ふたつは呼出し昼三。記号が山のようなことから「山形」とも呼ばれた。

星記号がなければ中級遊女の座敷持、「∧」がひとつだけなら部屋持であり、それ以外は記号がない。さらに名前の下にはだいたいの揚代《あげだい》が記されており、読者はこうした情報を頼りに、自分の懐事情にあった妓楼や遊女を探して遊ぶのだ。

妓楼や遊女との基本的な遊び方

吉原遊女と遊ぶ方法は、「引手茶屋」を通すやり方と、直接登楼するやり方があった。引手茶屋は吉原遊びの相談や仲介をする案内所で、仲の町や五十間道に置かれていた。店は客の懐具合や好みを聞くと、それに合った店や遊女を紹介してくれたのだ。

ほかにも、妓楼での芸者や料理の手配、宴席での付き添いや翌朝客が帰るときの迎えなど、妓楼での面倒事を一手に引き受けた。その分、費用は割高になるのだが、客にとってはまさに至れり尽くせりだった。

「大見世」の花魁を相手にするときは、必ずこの引手茶屋を通さなければならない。引手茶屋の亭主や女将が大見世から花魁を呼び、茶屋内で客と酒を飲みかわす。ころ合いになると店の者の案内で妓楼へ赴き、宴会や床入りをするのだ。

ちなみに「花魁は3回めまで肌を許さない」という話は俗説だ。冷淡に扱えば上客が離れるので、実際は初回の客ほど丁重にもてなしたらしい。

これらにかかる遊興費は、すべて引手茶屋が立て替えていた。ただし、立て替え分は後日客に請求される。現代でいう「掛け売り」である。そのため自分の支払額がわからなくなり、借金を重ねる客も多かったようだ。

「中見世」や「小見世」で遊ぶのならば、妓楼に直接登楼することも可能だ。遊女たちが顔見世する「張見世《はりみせ》」という格子からお目当ての遊女を選び、店前にいる店員に指名ができる。名前がわからなくとも、その娘がいる場所を告げたら対応してくれた。

そのあとは店の者の案内で中へと入り、2階の引付座敷《ひきつけざしき》で遊女と対面を果たす。なお、客が武士の場合は1階で刀を預ける必要がある。その後は遊女に部屋へと通され、台屋から届いた酒と食事で酒宴をおこなう。

食事を省略して床入りすることもできたのだが、そんな客は「床急ぎ」として軽んじられていた。そして明六ツ（午前6時ごろ）に客は店を出る。

妓楼への宿泊（居続け）も可能だが、支払額も日数が重なるほどに膨らむので注意が必要だった。

これらが、吉原妓楼での大まかな遊び方だ。ただし持ち金がなければ張見世越しの遊女見物だけで済ませたり、河岸見世で安く遊んだりする客も珍しくなかった。吉原の楽しみ方は、人によって千差万別だったといえるだろう。

浮世絵に見る、吉原の年中行事

吉原を彩った年中行事の数々

江戸と共通のものから独特の催事まで、吉原はほぼ毎月さまざまな行事をおこなっていた。女性客や家族連れが吉原に赴いたのは、豪華絢爛《けんらん》な催しを目当てとしたからだ。それによって吉原は、幅広い年齢層を対象とした一大行楽地となったのである。

行事の様子は浮世絵にも描かれている。たとえば、享和《きょうわ》4（1804）年に上総屋から刊行された『青楼絵《せいろうえ》抄年中行事《しょうねんじゅうぎょうじ》』は、喜多川歌麿が手掛けた吉原行事、習慣、作法の浮世絵と、十返舎一九の付文を合わせた2巻式の絵本である。当時の行事の有様を美麗な絵で表現したこの1冊は、吉原の一般向け案内書として重宝されたという。

天保12（1841）年刊の『春色《しゅんしょく》梅美婦禰《うめごよみ》』、文政12（1829）年刊の『三体《さんたい》志《し》』においても吉原行事は題材とされ、盛り上がりを読者に伝えている。まさに年中行事は、色事に次ぐ吉原の目玉でもあったのだ。

年始からはじまる吉原行事

吉原行事は元旦からはじまる。1月1日から7日までの松の内、仲の町と妓楼は門松で彩り吉原を彩った。元日は全妓楼で新春祝いをするのだが、吉原全体の休業日となる。

客の登楼がはじまる2日からは大黒舞や神楽舞にて新春を祝い、高級遊女も年札（年始の挨拶）のため引手茶屋などに赴く。そのときの様子は『青楼絵抄年中行事』にも描かれ、羽子板をもった禿を連れた花魁や、初買いで混雑する仲の町の様子が描かれている。

2月は稲荷社の初午《はつうま》だ。2月最初の午の日を祝う稲荷社の祭りに合わせ、各妓楼に遊女の名を記した提灯《ちょうちん》を下げていた。吉原内の稲荷社では縁日がおこなわれ、恰幅《かっぷく》のいい若者を遊女たちが勧誘する姿が『春色梅美婦禰』の中にある。

3月は吉原最大のイベントと呼ばれる夜桜、4月には仲の町が花菖蒲《はなしょうぶ》で彩られ、5月は端午《たんご》の節句《せっく》祝いと正月用の甘露梅《かんろうめ》づくりがはじまる。6月に行事はないが、7月に入ると七夕飾りが笹竹につるされた。庶民が書くのは願いごとだが、遊女が記すのは意中の男性の名であった。

8月は14日から16日まで遊郭の月見。9月は衣替え以外の行事はとくにないが、10月は最初の亥《い》の日を「亥の子祝い」として客に牡丹餅《ぼたもち》を振る舞う妓楼もあった。11月には中庭にミカンを投げる火事避けの「ふいご祭」と、水道尻に鎮座する秋葉大権現の大祭礼。12月の後半には妓楼総出の餅つきがあり、『青楼絵抄年中行事』にも下級遊女か新造らしき女性たちが男性に混じり、餅をこねる姿が描かれている。

そして大晦日には、「狐舞《きつねまい》」がおこなわれた。狐面を被った男が遊女を追い回すというものだ。狐につかまると孕《はら》んでしまうという言い伝えがあったので、遊女らは必死に逃げ回ったという。

有名な行事だけでも、これだけの種類があったのだ。

吉原で最も人気を博した三大行事

こうした行事の中で、「三大行事」と呼ばれたイベントがある。春の夜桜、7月の玉菊灯籠《たまぎくどうろう》、8月の俄《にわか》だ。

毎年3月1日になると、開花直前の桜が外部から運び込まれて仲の町に植えられた。桜は雪洞《ぼんぼり》や青竹、山吹で飾り付けられ、この時期の吉原は夜桜見物の客で混雑を極めた。『三体志』にも引手茶屋の2階から桜を見下ろす姿があるように、上から眺める桜並木は上客の特権でもあった。そして雪洞の明かりと満開の桜の下を進む花魁の姿は、絵にも描けない美しさだったという。

吉原最大行事と呼ばれた夜桜と並び、夏の代表格が玉菊灯籠だ。『青楼絵抄年中行事』の中に、灯籠を引手茶屋の軒先につるす使用人を描いた浮世絵がある。これは玉菊灯籠用の灯籠を飾り付けている光景だ。

かつて吉原には玉菊太夫という遊女がいて、才色兼備で人柄もよく、多くの者から愛されたという。享保11（1726）年に亡くなると、彼女の死をはかなんだ人々が灯籠を下げて御霊《みたま》を弔《とむら》った。それ以降、毎年7月に遊女の名を記した灯籠を飾る風習が生まれ、夏の風物詩となった。

残る俄は、ちょうど蔦屋重三郎がいた安永から天明年間の間に生まれた行事だ。

この当時、芝居好きの妓楼主らが集まり、即興劇をしながら吉原を行進したことがあった。これが評判となり、のちに芸者や茶屋の主人、妓楼の人々も参加して、さまざまな踊りや即興劇でパレードをする風習が生まれたという。

その様子も『青楼絵抄年中行事』にあり、拍子木をならす先導人に連れられた人々の行列が表されている。

そして吉原の名物行事といえば「花魁道中」だろう。もともとは太夫が客のもとへ出向く際に豪華な衣装をまとい、禿を引き連れ行進することを指した。太夫の位が廃止されると花魁がその座を引き継ぎ、各行事の際にもおこなわれる一種のパレードと化した。禿や新造をお供として、悠々と練り歩く「花魁道中」を眺めることは、吉原客にとって何よりの楽しみだったようだ。

吉原は、現在のディズニーランドやユニバーサルスタジオジャパンにも負けない、イベント満載の江戸のテーマパークだったのだ。

客が大損する吉原の記念日「紋日」

ただし、すべての行事が楽しいものではない。正月三が日や各祭日、15日、晦《みそか》(月の最終日)などに設けられた「紋日《もんび》」がそれにあたる。吉原妓楼はその日を特別な記念日として祝ったのだが、客は可能な限り避けたという。なぜなら揚代が割増しになるからだ。紋日は大中小に分けられ、大きくなるほど高くなる。小でも通常より高額になるので、客が嫌がったのも当然だ。

ただし、客も減って遊女も一休み、とはいかない。この日に客がつかないと、揚代分の金額を遊女が支払う決まりだった。そのため遊女は知恵を振り絞り、手紙などで客に登楼を促していた。現在のラウンジやクラブのホステス、キャバクラのキャストがＬＩＮＥもしくは電話で営業をするように、まさに客と遊女の駆け引き合戦だったのである。

ただ、この紋日が吉原の客離れを起こした原因のひとつであるともいう。田沼時代には好景気に便乗して紋日を増やしに増やし、１か月のうち半分が紋日になった年もあるという。客が岡場所などに流れたのも、高騰する揚代に嫌気がさしたといえるだろう。

『青楼年暦考』の天明７（１７８７）年項にも「吉原年中紋日の数も、昔には倍し候故か、かえって紋日には来客も少なく見え候由」と客離れの様子が記されている。

客離れが進んだため、田沼景気の終了後は紋日が大幅に減らされた。文政年間（１８１８〜30）には年17日ほどにまで激減している。儲けが大きいからと客に損を強いれば、かえって大損を出してしまうのは、いまもむかしも変わらないようである。

浮世絵に見る、流行の発信源・吉原ファッション

ファッションリーダーだった吉原遊女

江戸時代は身分制度の厳しい時代だったが、そのうえであらゆる階級の人たちが、さまざまな装いを楽しんだ時代でもあった。そんな、大きく花開いた服飾文化が、浮世絵からも見て取れる。

歌麿や写楽などが描いた浮世絵のモデルである花魁や歌舞伎役者は、現在でいうファッションリーダー的存在だ。そのため描かれた着物や髪型、小物に至るまで、当時のブームを知ることができるのである。

吉原は、文化人たちが交流し、現実と一線を画した別世界を楽しむ場である。年間を通してさまざまな催しもおこなわれ、そこで披露されるのは季節やイベントによって異なる多種多様な着こなしや、奇抜な形の簪《かんざし》や帯、髪型やメイク。そしてそれは、浮世絵で「外の世界」に発信された。

カメラが存在しなかった時代、喜多川歌麿や葛飾北斎といった、その時代のスタ

ー絵師による浮世絵こそが、アイドルのブロマイドやポスターと同じ役割を果たしたのだ。

髪型・アクセサリー・メイクまでを紹介

重三郎が寛政の改革による規制を逆手に取り、黄表紙の出版に熱中しているころ、美人画で一世を風靡《ふうび》していたのが西村屋与八である。与八は美人画で名高い鳥居清長の浮世絵を数多く発売。

『雛形若菜初模様』に描かれたファッション
（提供:国立文化財機構所蔵品統合検索システム）

清長が参加した「雛形若菜《ひながたわかな》初模様《はつもよう》」シリーズは、いまでいうファッション雑誌のようなものだった。

花魁など高位の遊女は、新年に新しい衣装を着るのが通例であり、『雛形若菜初模様』は、その装いを描いた。安永４（１７７５）

年から天明元（1781）年にかけて発売され、枚数は100枚超。多くの女性たちがこれを手に取り、好きな着物の柄をチェックし、流行していったのだ。

花魁をモデルに描いた浮世絵で、どれも印象的なのは、大きくお椀のように結った髪型である。これは「伊達兵庫《だてひょうご》」と呼ばれるもので、そこに放射線状に大小の簪が挿されているのが定番だ。

簪の素材は、べっ甲や象牙《ぞうげ》、銀や珊瑚《さんご》などがあり、年齢や身分によって選んでいい素材があったという。通常は12本を挿し、さらに笄《こうがい》という棒を髷《まげ》に挿す。最後に櫛《くし》は2、3枚、というのが定番だったが、高位になるほど、その数は増えていった。べっ甲の簪は非常に高価だったこともあり、寛保年間（1741〜44）ごろには、水牛の角を加工した廉価版「偽べっ甲」が流行した。花魁や遊女たちの華やかな装いに憧れる女性たちは、こういったものを購入し、髪型や飾りなどを競って真似たのだ。

現代でいう「見せ下着」の先駆けともいえるのが、遊女が部屋着として着た「長《なが》襦袢《じゅばん》」である。遊女が長襦袢でくつろぐ姿や、客の布団に入る浮世絵が評判となり、これを町人たちが真似して長襦袢を着るようになったのだった。

時代を牽引する花魁たちは、一般大衆では真似しにくい〝攻めた〟メイクも流行らせている。普段化粧品の色は、紅・白・黒という基本色が使われていたが、遊女たちはそれを重ねて、別の色に発色させていたことが浮世絵に描かれている。たとえば歌麿の『枕草子を読む娘』、渓斎英泉《けいさいえいせん》の『美艶仙女香《びえんせんじよこう》』の唇は、上唇を赤、下唇が緑色。これは、紅を塗り重ねて下唇だけを玉虫色に発色させる「笹紅《ささべに》」という、当時のモードであった。

ただ、紅は当時非常に高級品だったため、一部の女性しか使うことができなかった。そのため「笹紅」に見られるような重ね塗りをしている遊女は、それだけメイクにお金をかけられるほどの地位だったということになる。

花魁たちは縁起物にも敏感で、帯や着物の柄に取り入れていたことも、浮世絵からうかがえる。当時「鯉の滝登り」は、中国の故事から「出世する」「運がよくなる」と好まれ、遊女たちの帯の模様によく使われている。

粋な男性のスタイルも指南

江戸時代の文化・流行の最先端を担っていた吉原は、遊女たちの競争も激しかった。歌麿に描かれた花魁や遊女は、一気に注目度が上がったというから、彼女たちを擁する妓楼も潤うことになる。つまりそこには、現在のファッションリーダーと広告業界のような関係もあったのだ。

また、吉原に通う男性たちも、粋なスタイリングを心掛けた。吉原でモテるのはたいへんなステータスであったからだ。

そのニーズに応え、安永2（1773）年には、吉原に通うためのスタイリッシュな装いを指南した、男性向けの『当世風俗通《とうせいふうぞくつう》』という洒落本が出版されている。おすすめの服装を「極上之息子風」「上之息子風」「中之息子風」「下之息子風」とジャンル分けをして紹介。最先端のちょんまげ（本多髷《ほんだまげ》）が図式で描かれた『時勢髪八体之図《ほんだのかみやいろのず》』や、流行の襦袢や羽織、頭巾など、細かく記されたスタイルブックである。吉原に憧れる男性たちが参考にしたことは想像に難くない。

『当世風俗通』の作者は金錦佐恵流《きんきんさえる》。のちに、黄表紙ブームを起こす、朋誠堂喜三二の別名である。

上流階級の交流所だった〝公界〟としての吉原

権力の手が及ばない公界

遊郭でありながら、繁華街や観光地としても大成した吉原。一日千両の賑わいを見せた背景には、幕府公認の「公界《くがい》」であることもかかわっていた。

公界とは、もともと仏教界の人里離れた修行場を意味していた。しかし戦国時代になると、領主との主従や地域との縁を切る「無縁」と同じ意味になる。

相模江嶋（現神奈川県小田原市）をはじめ、「公界所」と呼ばれる無縁地域がいくつもつくられ、大名・領主と主従の縁を断ち、戦乱や政争とかかわらずにいられた。それは地域の支援対象からの除外にもつながるが、加賀（石川県）、堺（大阪府堺市）、平野（大阪市平野区）、山田三方《やまださんぼう》（三重県伊勢市）のように、高度な自治をおこなった地域も目立つ。

安土桃山時代後期に入ると、こうした公界も織田・豊臣家の興隆に押されて消滅していく。

さらに公界は、公の場、ハレの日、社交場という意味ももちはじめ、江戸時代には遊郭を指す言葉としても使われるようになった。傾城屋（遊女屋）は公界衆と呼ばれた団体のひとつだったので、意味が転じても不思議ではない。

そして幕府公認の遊郭である吉原は、まさに公権力が存在を保証した数少ない公界だったのだ。

身分に囚われない社交場

公認の公界に認定される最大の利点は、身分に囚われない開放的な社交場であることを幕府が保証することだ。このことは、当時の浮世絵にも描かれている。

天明4（1784）年に鶴屋から刊行された黄表紙『吉原大通会《だいつうえ》』（恋川春町著）の3巻には、人気狂歌師が一堂に会したという設定の絵が載せられている。そこに描かれているのは、蔦唐丸《つたのからまる》（蔦屋重三郎）、四方赤良、朋誠堂喜三二、元木網、朱楽菅江、紀定丸《きのさだまる》、加保茶元成など、その時代を代表する面々ばかりだった。ここで注目するべきは彼らの身分である。

重三郎は町人だが、赤良は幕臣だ。喜三二は秋田藩士、元木は銭湯経営の商人、菅江と紀定丸も幕臣、元成は大文字屋の楼主であった。ほかの参加者も武士や長屋の大家など身分はさまざま。つまりこの浮世絵に描かれているのは、武士や町人が対等の立場で交流する光景なのである。

江戸時代の身分制度については、かつて教科書に「士農工商」と記述されたころから見直しが進み、この時代は身分が売買されるなど、身分制度はさほど厳格でなかったとされる。それでも武士はれっきとした支配階級であり、町人との間で対等に近い交流がおこなわれるということは、江戸市中ではまずあり得ないことだった。しかし、公界として一般社会から隔絶された吉原では、ある程度許されるのだ。

武士が、町人相手にひとりの文化人として接し、交流を深め、作品の良し悪しを競う。重三郎が催した各種の歌会のように、身分に捉われない集会は幾度もおこなわれたし、武士系文化人と版元・パトロンの交流場としても機能した。吉原が江戸随一の文化サロンとなり、多種多様な文化を生み出したのは、公的に保証された無縁地域だったからといっても過言ではないだろう。

幕府と吉原の相互援助関係

むろん、幕府も公界としての吉原をよく利用した。諸藩の留守居役の連絡業務や情報交換・収集の場としても使い、秋田藩邸留守居役の朋誠堂喜三二も職務上の交流の場としていた。遊郭遊びで接待できるだけでなく、都市部から隔絶した公界という環境が、情報のやり取りに最適だったのだ。

また幕末には、公家の筆頭、近衛《このえ》家《け》の村岡局《むらおかのつぼね》の接待に、遊郭巡りを企画したとも当人の日記に残されており、公界である吉原を幕府が有効活用していたことは間違いない。

まさに吉原と江戸幕府は持ちつ持たれつの関係にあり、相互援助も惜しんではいない。たとえば、毎年年末には江戸城の御煤払い《おすすはら》い（大掃除）には吉原から畳職人が派遣されていたし、年始には「御年頭献上」という献金もおこなわれている。そして幕府は、吉原の独自性を保証し続けた。吉原が江戸時代を通じて公界でいられたのは、幕府にとっても有益であったからだろう。

吉原の暗部、しきたりと罰則

身売りと競売で集められていた遊女

吉原遊女はどこからきたのか？　おもなルートは人身売買だ。女衒《ぜげん》という人買いが貧しい農家から娘を買い取り、遊郭妓楼に売りつけたのである。売られた娘は、表向きは奉公人という形が取られ、給金を定めた証文も交わされた。だがそれは建前に過ぎず、給金は前借の名目で両親に渡された。そうして連れてきた娘たちは、各妓楼にて遊女候補とされたのである。

このほかにも、没落商人、下級武士、裏長屋の貧民層が娘を遊郭に売る事例も多々あった。ときには娘が自ら妓楼に入ったこともあるという。農村出身者の相場は3～5両、下級武士の娘でも18両ほどだった。ほかにも奉行所に捕縛《ほばく》された岡場所私娼が吉原行きになる事例もあり、江戸末期に書かれた『藤岡屋日記』(藤岡屋由蔵《よしぞう》著)によると、奉行所主催の競売もおこなわれている。

こうした娘たちを、当時の江戸市民は孝行娘としたという。つまりは貧困家庭を救う自己犠牲の親孝行と見るのが当時の社会常識だったのだ。

人情本『風俗吾妻男』(三亭春馬作)にも、母親の病で没落した商家が一人娘の吉原行きを決める話があり、当時の常識の一端を知れる。それでも遊女調達の実状が人身売買だったことに変わりなく、華やかな吉原の裏には途方もない闇の部分も隠されていたのである。

さらには、女性が吉原に送られる刑罰も存在した。

江戸時代には、犯罪者の妻や子どもというだけで、共犯者でなくても罰が与えられることがあった。そうした身内への刑罰を連座といい、妻を対象としたもののひとつが「奴《やっこ》」である。

奴の刑に処された女性は牢屋に留め置かれ、身元引受人がくれば解放される。だが、ここでの引受人は親族ではなく、多くは遊郭からの使いだった。

遊郭からすれば、無料で遊女を増やせる絶好の機会でもあり、奴上がりの女性には、賃金を払わなくても、どれだけ過酷な労働条件を強いても許されたのだ。まさに奴の刑は、日本に存在した唯一の奴隷刑と考えてもいいだろう。

吉原妓楼のブラックすぎる業務の実態

そんな遊女たちの仕事は「泥水稼業」とも呼ばれていた。あまりにも過酷すぎる労働環境のためだ。

遊女の1日は夜明け前にはじまり、朝帰りの客を送り出す。そこから昼四ツ（午前10時ごろ）まで二度寝をし、昼見世に備えた準備と朝食を済ませ、手紙を書いたり、商人の応対をする。

昼見世の開始は正午ごろ。昼食は夕七ツ（午後4時ごろ）とかなり遅い。日没後は夜見世がはじまり、夕食は仕事の合間に手早く済ませた。妓楼の営業終了は平均丑《うし》三ツ（午前2時ごろ）だが、遊女に決まった終業時刻はなく、客が満足するまで仕事は終わらない。最速で終わったとしても、労働時間は1日12時間にもなった。

さらに遊女の休日は元日と7月13日の年2回だけ。それ以外で休みたければ、店に揚代分の金を支払う決まりがあった。もちろん福利厚生もない。

花魁なら病のときは楼主が医者を呼び、療養所に入れることはあった。しかし宿泊費は全額花魁の自己負担。下級遊女が病になると、行灯部屋《あんどんべや》（倉庫）に放置された。病状が深刻化すれば親御に引き取らせるか、病死後に近くの浄閑寺《じょうかんじ》へと運ばれた。そのことから、浄閑寺は「投げ込み寺」とも呼ばれていた。

さらに連日多数の男と交わる職業柄、遊女は性病にも悩まされた。当時は避妊の知識も技術も乏しく、遊女は実質的に予防具なしで性行為に及んだ。それによって何らかの性病に罹患《りかん》し、その状態でまた客を取った。当時の医療では性病の完治は難しく、漢方薬や民間医療での症状緩和がせいぜいだった。もっとも深刻だったのは梅毒感染だが、梅毒に罹患した遊女ほど遊郭では重宝されたという。一度梅毒となった遊女は、二度とかからないと信じられていたからだ。

潜伏期間への移行による一時的な回復を、当時は完治と見なし、遊女は現場に復帰する。そうして吉原を含む全国の遊郭を感染源に、梅毒は爆発的に蔓延《まんえん》していく。その結果、ドイツ人医師シーボルトの『江戸参府《さんぷ》紀行』で「日本に深く根を下ろした病」と評されるほど、国民的な病となった。

当然ながら、劣悪な労働環境と危険な堕胎《だたい》、各種性病に侵された遊女の寿命は極めて短かった。吉原遊女の年季明け（契約が終了して自由の身になれる）は27歳。対して吉原遊女の平均寿命は22歳。この数字を見るだけでも、遊女の過酷さがわかるというものだ。

しきたりを破った遊女への私刑と拷問

だが、病や環境よりも遊女が恐れたことがある。それは折檻《せっかん》だ。

江戸時代の吉原妓楼では、不出来な遊女へのリンチが日常的におこなわれていた。標的となったのは、お茶引き（客がつかない）遊女、仮病を疑われた遊女、上客を逃した遊女や楼主に逆らった遊女である。

男は手加減しかねないので、折檻役は同じ女性が多い。遊女の体は商品なので、殴る蹴るなどの暴行は基本的におこなわない。おもな方法は絶食、雪隠《せっちん》（トイレ）掃除の強要、裸にして水攻めをするといった、体を傷つけない方法だったという。

ただし、暴行もまったくなかったわけでもない。標的となったのは脱走者だ。吉原では、厳しい環境に耐えかね脱走を試みる遊女が続出していた。しかし出入口は大門しかなく、外部から吉原に入る女性は、吉原会所《かいしょ》からもらう「女切手」を常備する義務がある。そのため遊女の脱出は難しく、仮に突破できてもあらゆる手段で連れ戻された。脱走の成功者は皆無に等しく、戻った遊女を待っていたのは拷問であった。

江戸後期に書かれた随筆『世事見聞録《せじけんぶんろく》』によると、連れ戻された遊女は全裸にされ、四肢を縛り上げてから梁《はり》へと吊り上げ、竹べらで失神するまで打ち叩かれたという。口には手拭いを猿ぐつわ代わりにかまされ、舌を嚙まないようにもした。まさに事実上の拷問だ。こうした攻めで衰弱死する遊女も珍しくなかったらしい。

一見優雅な妓楼の裏には、遊女を人として扱わぬ苦界《くがい》地獄が広がっていたのだ。

悪質な客への制裁の移り変わり

容赦されなかったのは客も同じだ。吉原妓楼には、一度遊女を決めると同じ妓楼では別の遊女と関係をもてないしきたりがあった。浮気をしようものなら、その客は髪を切られ、顔に墨を塗りたくられたという。

さらに苛烈だったのは未払い者への制裁だ。支払いを拒否した客は四角窓付きの大型桶に閉じ込められ、親族縁者が代金を立て替えるまで往来で晒《さら》し者にされた。伏せた桶に閉じ込めることから「桶伏《おけぶ》せ」とも呼ばれ、トイレも寝具もない内部の環境は劣悪そのものだった。遊女の脱走に加担しようものなら、妓楼で袋叩きにされたという。

ただ、脱走加担以外の客への折檻は、蔦屋重三郎の誕生までに廃《すた》れたようだ。あまり客に不親切だと岡場所に流れてしまうからだ。幕府も寛政7（1795）年の『新吉原町定書《まちさだめがき》』内の「不法之義」で私刑停止を命じたこともあり、妓楼は別の遊女との遊びも黙認するようになる。未払い料金の回収も付馬《つけうま》（取り立て業者）に依頼するようになり、客への制裁は登楼拒否がせいぜいとなっていた。

反対に遊女への待遇は江戸時代のうちに変わることはなかった。

「生まれては苦界 死しては 浄閑寺」

浄閑寺の新吉原総霊塔《そうれいとう》に刻まれたこの句のように、幕府公認の公界だった吉原、遊女にとっては「苦界」そのものだったのだ。

戯画・浮世絵でわかる、吉原のスーパースターたち

江戸市民の憧れだった吉原遊女

吉原の遊女は市民の憧れであった。客として接する男性はもちろん、女性ですら優美なファッションや立ち居振る舞いに羨望《せんぼう》を抱き、名妓の中には浄瑠璃や浮世絵の題材になることも多かった。そうした芸術・芸能を通じ、遊郭に通わない庶民も名前を知り、まだ見ぬ美しさに思いを馳せたのである。

高級遊女は現代の芸能人のような存在だったのだ。

そんな吉原遊女の中で、最も名高かったのは、「寛永三名妓」のひとりである高

尾太夫だ。三浦屋に所属した太夫のひとりで、才色兼備な立ち居振る舞いから多くの客を虜《とりこ》にしたという、吉原遊女の筆頭格であった。

高尾の死没後、その名は優れた遊女に代々襲名されてきた。『異本洞房語園《いほんどうぼうごえん》』（笠亭仙果《りゅうていせんか》著）では7代、『近世奇跡考』（山東京伝著）は11代まで続いたとするが、詳しくは不明。しかし三浦屋の筆頭格を表す名跡として、その名が長く使われたことは間違いない。

その中で有名なのが万治年間（１６５８～61）に活躍した2代目だ。単純に「高尾」と呼ぶときは彼女を指す。

2代目高尾は下野《しもつけ》国塩原塩釜《しおがま》村（現栃木県那須塩原市）の農家の娘で、本名はあきという。村の温泉に訪れていた三浦屋楼主に才を認められて、遊女になったとされている。

高尾の名を襲名した彼女は、仙台藩主伊達綱宗《だてつなむね》にも見初められ、３０００両もの身請け金で仙台藩へと引き取られたとされる。ただし、その後の足取りは不明だ。

2代目高尾を祭神とする高尾稲荷神社（東京日本橋）の由来などでは、情男（愛人）の存在を知った綱宗に処刑されたとしている。だが山東京山の『高尾考』は三浦屋別邸での療養中に死んだとし、ほかにも綱宗と平穏に余生を過ごしたとする説もある。現在では実在性も疑問視されており、まさに謎多き美女ではある。

そうした美貌と悲劇的な逸話から、2代目高尾はさまざまな作品の題材とされてきた。「仙台高尾」という落語も生まれ、『伊達《だて》競《くらべ》阿国《おくに》戯場《かぶき》』という浄瑠璃も上演された。浮世絵も多数つくられ、歴史上の美女を紹介する『古今名婦伝《ここんめいふでん》』（歌川国《くに》貞《さだ》画）にも、2代目高尾を描いた「万治高尾」が掲載されている。禿らしき少女を見下ろす姿は想像で描かれたものだが、美麗な衣装や色白の美しさがよく表現されている。

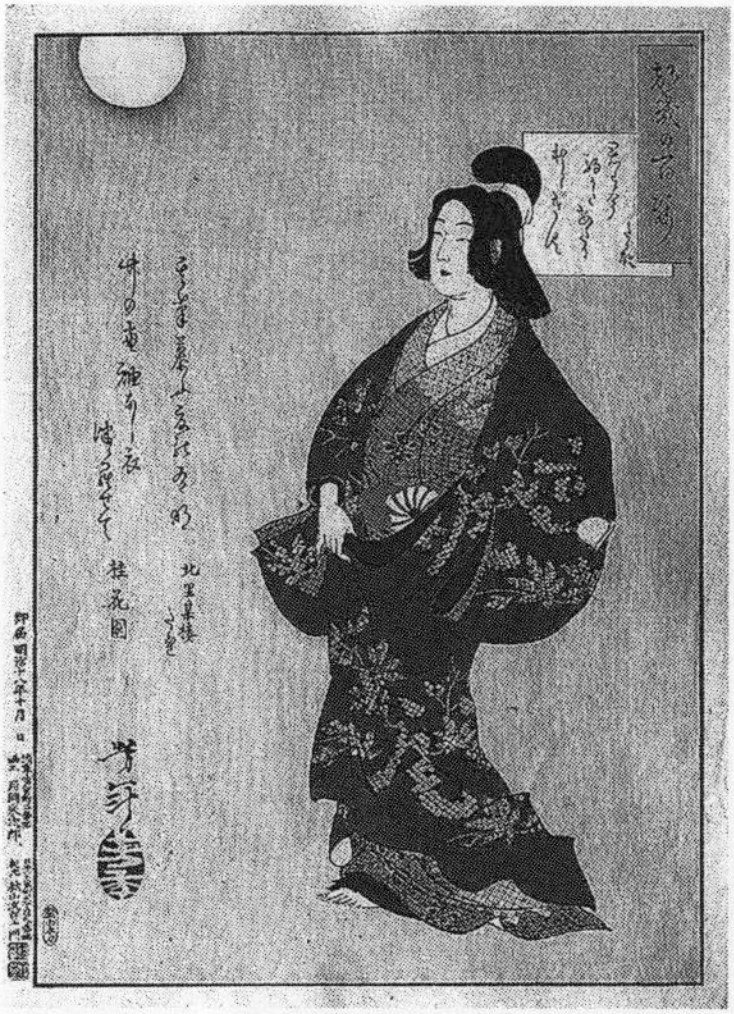
『月百姿』に描かれた高尾太夫（明治期）

『善悪三拾六美人』（豊原国周《くにちか》画）で描かれているのは、手紙を読む姿だ。太夫・花魁に必要だった知的な一面を表したのかもしれない。明治時代に入っても、『月百姿《つきひやくし》』（月岡芳年《よしとし》画）にて、綱宗へ歌ったという句とともに、月を眺める姿が描かれている。死してもなお、彼女は人の心を惹きつけたのである。

浮世絵となった遊女たち

もちろん、吉原の名妓は高尾だけではない。元禄時代中期に登場した中万字屋《なかまんじや》の玉菊は、高い教養と陽気な性格で人気を集めた名妓であった。ジャンケンのように、指と手の動きで勝敗を決める拳《けん》相撲用の拳廻しを自作するほど器用だったが、享保11（1726）年に命を落とす。

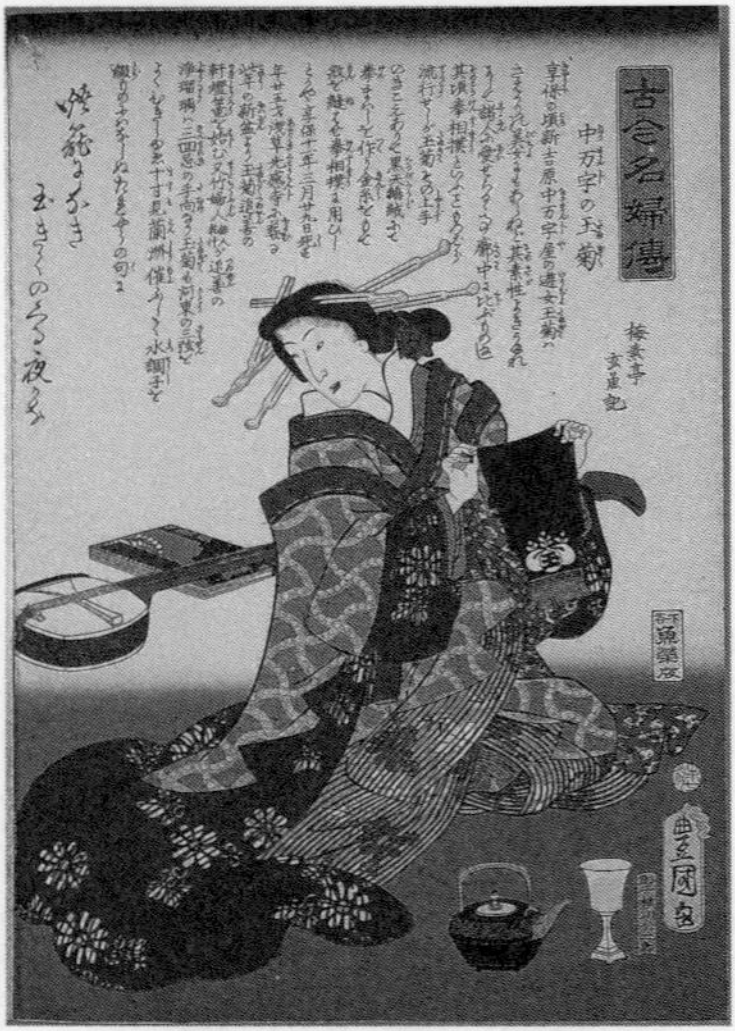

『古今名婦伝』に描かれた玉菊
（提供：国立国会図書館デジタルコレクション）

玉菊の死を嘆いた揚屋が提灯や灯籠で供養したことではじまったのが、吉原三大行事の玉菊灯籠である。『古今名婦伝』の玉菊絵では、背景の三味線と書が生前の教養深さを表現し、微笑を浮かべた顔が陽気な性格を匂わせている。

扇屋の花扇も高尾と同じく襲名で、有名なのは安永から寛政まで活躍した4代目だ。

田舎武士が同僚に吉原遊びへと誘われたとき、花扇はその武士が恥をかかぬよう夫婦同然の素振りを演じたという。その後、武士は礼金をもっていくと、「これからも店を贔屓《ひいき》にしてくれたらいい」と自分は受け取らず、妓楼の仲間たちに分け与えたそうだ。

そうした情け深さが人気を呼び、喜多川歌麿も4代目花扇を六家撰のひとりに数え、『青楼六家撰』では、猫を抱えた姿でも描かれている。当時は日々の慰めに猫を飼う遊女も多かったらしい。そのような裏事情もうまく表現したともいえる。

慈善活動で有名になった遊女

こうした遊女の中には慈善活動に従事した女性もいる。佐野槌屋《つちや》の薫は、絶世の美貌の持ち主で性格もよく、遊女としての将来を期待されていた。しかし、彼女が名声を高めたのは、安政2（1855）年に発生した安政大地震がきっかけだ。

吉原も壊滅した災害の中で、薫はみずから装飾品を売り払って用意した数百の鍋を、炊き出し用として幕府に無償で寄付したのである。安否不明の両親の行方を知るための売名ともいうが、身銭を切った支援は人々の喝采を呼び、浅草寺《せんそうじ》にて薫の人生を紹介する展示がおこなわれたようだ。

震災後は、他の遊女たちと同様に、吉原が復興するまで山宿の仮宅で遊女を続けた。『風流生人形《ふりゆういきにんぎよう》』（歌川国貞画）には、仕事前の身支度を再現した人形展示の様子が描かれている。

彼女らのほかにも、白井（平井）権八との熱愛が浮世絵や芝居となった三浦屋の2代目小紫、無類の猫好き話が洒落本『烟花清談《えんかせいだん》』などに載せられた三浦屋薄雲《うすぐも》太夫など、吉原には多種多様な遊女が、現れては消えていったのだった。

5

蔦重が現代の私たちに残した宝とは

――大衆に開かれたエンタメとしての芸術――

江戸絵画をリードした浮世絵の興隆

「憂世」から「浮世」へ

浮世絵は江戸時代に発達した一般絵画で、17世紀中盤の江戸で生まれたとされる。「浮世」の語源は、この世を表す「憂世」。つらく移ろいやすい現世を表現した言葉が、社会の安定化で「移ろうからこそ気楽に浮き浮き生きる」という享楽的な意味に変化していったという。やがて、浮世の字に変化して、現在の世相や風俗の肯定、当世風の絵柄といった意味ももつようになった。

浮世絵の誕生で庶民や世俗も絵画の対象となり、絵師は新鮮な話題や時代の最先端をいく風俗を追い求めていった。身分の枠に囚《とら》われず、最新の流行と風俗の発信地となった遊里や芝居町（劇場があり、関係者が住む街）が題材となったのも、必然だったのだろう。

「江戸絵」とも呼ばれた浮世絵は、木版印刷によって社会に流通し、江戸庶民に絵画の楽しみを教えることになる。そのようにして、浮世絵は江戸独特の美術として維持発展していった。そして蔦屋重三郎もまた、こうした浮世絵の興隆に貢献していたのだ。

競争激化で活性化した役者絵業界

重三郎のおもな貢献といえば、人材発掘と流行の促進だ。絶頂期を迎えた天明・寛政の浮世絵に目をつけた重三郎は、優れた人心掌握力で多数の絵師を発掘していった。喜多川歌麿、東洲斎写楽、葛飾北斎など、重三郎がパトロンとなった絵師は数知れない。

彼らは蔦屋を通じて優れた絵画を世に送り出し、現在も芸術として評価保存されているものも多い。重三郎がいなければ彼らのデビューは大幅に遅れ、江戸の浮世絵界は寂しいものとなっただろう。

また、役者絵界の再活性化も見逃せない。機を見る力に秀でた重三郎は、絶妙なタイミングで浮世絵界に参入していく。歌麿の売り出しは、鳥居清長の一強態勢に民衆が飽きつつあったころで、写楽の登場は寛政の改革と歌舞伎の営業不振で役者絵が衰退した時期である。それらの間隙《かんげき》を突いて成功を収め、同時に業界をふたたび盛り上げたのだ。

歌麿は大首絵を美人画に流用する方法を浸透させ、写楽の登場で役者絵界も劇的に変化した。写楽が現れた寛政6（1794）年は、勝川春英《しゅんえい》が君臨していた時期でもある。そこに写楽が初手28点というインパクトをもって参入。ここに歌川豊国《とよくに》のデビューも合わさり、競争は一気に激化し、役者絵全体の制作枚数も劇的に増加した。一説によると、寛政5（1793）年から寛政7年のあいだで、3倍以上も伸びたという。

しかも寛政6年という年は、歌麿が美人画の頂点に立ち、葛飾北斎も俵屋宗理《たわらやそうり》として活動を本格化させようとした時期だ。制作形式も細判から大判に移行し、浮世絵界は変革を迎えたのである。その変化を巻き起こした絵師たちの多くをまとめ、プロデュースしたのは、紛れもなく蔦屋重三郎だった。

素人娘を描いて美人画を再興した重三郎と歌麿

重三郎が、さらに再興させたジャンルに美人画がある。美人画といえば、遊女などの高嶺の花を題材とし、幕末や明治時代でも主力ジャンルであり続けた。重三郎が復活させたのは、その中でも市井《しせい》の女性を描いたものだ。

宝暦年間（1751〜64）、これまでの遊女絵に代わって水茶屋の看板娘の絵が人気を博した。水茶屋とは、客に湯茶などを提供する小型の茶屋である。吉原遊女と会うには大金が必要だが、看板娘は軽食代だけで会えるし、対話もできる。

なかでも谷中笠森《やなかかさもり》稲荷の鍵屋お仙《せん》が大人気となり、江戸には看板娘ブームが到来する。町娘の評判記も飛ぶように売れ、浮世絵師も人気の娘たちを浮世絵として描いていった。高嶺の花のスターアイドルよりも、「会えるアイドル」がもてはやされる現在に通じるものがある。

このブームはお仙が結婚した明和7（1770）年を境にしずまり、美人画の主力は遊女と女形に戻った。一過性に終わったこのジャンルを、重三郎は復興させたのだ。

寛政4（1792）年から看板娘人気が再燃すると、重三郎は喜多川歌麿とタッグを組んで彼女らの美人画制作に着手。寛政5（1793）年刊行の難波屋おきた、高島屋おひさ、富本豊雛《とよひな》を表した『当

『当時三美人』寛政5（1793）年

時三美人』は爆発的な売り上げを記録し、町娘ブームはさらに過熱していく。

同年に幕府は遊女以外の女性の名を絵に記名することを禁じたが、『高名美人六家撰』では名前部分を判《はん》じ絵（だじゃれなどで隠された言葉を推理させる絵）にして規制をかいくぐった。

さらに評判記も、明和と寛政で中身が異なる。明和版は看板娘の名前、顔、恋人の有無といった情報を第一とし、浮世絵はおまけであった。対して『水茶屋百人一笑』など寛政の評判記は、彼女らを褒《ほ》め称《たた》える狂歌や美麗な浮世絵を多数組み合わせて、読み物としての面白さも追求したのである。

ほかの版元も町娘の浮世絵に手を出し、歌麿自身も蔦屋以外から出版もしている。しかし、もっとも好評だったのは、蔦屋版の浮世絵であったという。一度廃《すた》れた町娘の浮世絵が復興したのは、重三郎と歌麿の影響が大きいと言い切ってもいいだろう。

もちろん、浮世絵の興隆は重三郎だけの功績ではない。勝川派や鳥居派など蔦屋外の絵師一派の尽力や、歌舞伎界との相互作用も無視できない。それでも重三郎と絵師らによって浮世絵界が活性化し、日本絵画界に残る名作が数多く生み出されたことは否定できない事実なのだ。

江戸・上方の独占から全国へ…図書流通の拡大

江戸と上方で異なった出版市場

江戸時代中期までの出版業は、市場の特徴が地域ごとで異なった。商業出版の先進地だった京都では、為政者、寺院、上流貴族といった身分や家柄のあるものからはじまったので、儒学や歴史書といった物之本《もののほん》（専門書、学術書）の需要が高い。

江戸のベストセラー作家・井原西鶴

大坂の製本出版は京都に依存していたが、寛文11（1671）年に近江屋が刊行した俳諧書『蛙井《あせい》集《しゅう》』より、独自の出版が広まっている。

大坂の刊行物の特色は、俳諧本、実用書、浄瑠璃本を中心とする娯楽書、商工名鑑など。さらに井原西鶴《いはらさいかく》の『好色一代男』などの好色本（遊里などの好色生活を描いた浮世草子の一種）や町人物の『日本永代蔵《えいたいぐら》』もヒットを飛ばし、多種多様なジャンルが生まれることになる。そして江戸では、黄表紙などの地本が人気を集めた。

このように、上方と江戸は独特の市場を形成したのだが、双方が積極的に協力関係を結ぶことは少なかった。初期の出版規模は上方が江戸を大幅に上回り、対等な相互協力は難しかったからだ。上方の進出に対抗してきた江戸出版界のライバル意識も根強かったという。だが、この常識を崩し、全国流通の基礎を築いたのが蔦屋重三郎だった。

蔦屋重三郎の販路拡大計画

田沼時代に黄金期を迎えた江戸出版業界も、寛政の改革と出版規制強化で活動が停滞した。最もあおりを受けたのが、江戸で出版された戯作や草双紙類などの地本類である。風刺本で一世を風靡した重三郎も幕府から処分を受け、江戸での事業拡大は難しい状況にあった。

この処分を受けたあと、重三郎は書物問屋仲間に加入している。江戸地本問屋仲間にしか入っていなかった重三郎が、書物問屋にもなった理由は、仏書、歴史書、儒学書などの硬い本の流通手段の確保。しかし、もうひとつの理由は、上方への販売ルート確保だった。

地本問屋は江戸で書物を刊行し、消費するのも江戸市民であった。対する書物問屋の版元は上方である。その一員となることは、大坂や京都とのパイプを構築することも意味する。それを通じて、書籍の販路を上方や成長著しい名古屋市場にまで広げようとしたともいわれている。

実際、加入後は上方売払権《かみがたうりひろめけん》を含む割印添章《わりいんそえしょう》（販売許可証）を受けようとしており、ルート拡大を目指していたことは確実だろう。

このとき重三郎が注目したのは名古屋市場だ。貞享《じょうきょう》年間（1684〜88）に開店した風月堂から名古屋の本屋ははじまったが、当初は京都から仕入れた古本売買が中心だった。だが、天明8（1788）年の京都大火で上方の出版業界が低迷すると、独自の出版も次第に増加していった。

蔦重と協力関係を結んだ本居宣長

重三郎は、こうした名古屋の発展に目をつけた。名古屋の名門書店、永楽屋と業務提携を結び、中部方面の書籍を仕入れたのである。このとき関係を結んだのが、国学者の本居宣長《もとおりのりなが》だった。

重三郎は名古屋の出版業界とつながりの深い宣長に目をつけ、寛政7(1795)年に宣長のいる伊勢(現三重県)を訪問して協力関係を結んだ。そして宣長の著書である『手枕《たまくら》』の出版権を得たのである。

江戸時代において、全国を視野に入れた重三郎の計画は、まさに革新的であったといえよう。

版元仲間が進めた出版流通の全国化

寛政9(1797)年5月6日、重三郎はこの世を去る。2代目は全国流通に本腰を入れず、蔦屋の上方進出計画はここに失われた。しかし、重三郎が開拓しかけた上方ルートは、ほかの版元たちによって実現されていく。

江戸に限定した出版流通の限界は、すでにほかの版元も熟知しており、新規販路の開拓の必要性を痛感していたようだ。もっとも、重三郎にどれほど影響を受けたかは定かでない。

鶴屋や西村屋は自前の地本を積極的に上方へと送り、享和元(1801)年には、鶴屋と大坂の凌雲堂との間で洒落本『田舎芝居』(万象亭《まんぞうてい》著)の再版に関する業務提携を結んでいる。

文化3（1806）年には、『東海道中膝栗毛《ひざくりげ》』（十返舎一九著）第5編の発刊に際し、村田屋は鶴屋と大坂河内屋と共同出版契約を結んで類似書の登場を牽制し、翌年の第6編発刊では初編以来の12冊を上方の販路に乗せるため、村田屋は鶴屋と合同で上方売弘添章を入手。これは、江戸の出版許可を上方の書物問屋仲間に証明するための書状である。

上方への流通を強化した江戸の版元は、文化・文政時代（1804～30）を境に各地方への進出も推し進めた。出羽《でわ》庄内藩（現山形県鶴岡市）では、文化9（1812）年に発布した贅沢禁止令の中で、江戸草双紙を子どもに読まさぬようにと告げている。江戸の版元が、東北にまで販路を広げていたことの証拠だろう。

天保年間（1830～44）には、年末に刊行した書籍が正月初旬には伊勢で販売されるほど、本の流通速度も速くなっていた。

出版市場における江戸地本の上方販売路は完全に整い、出版界は上方主導から江戸中心の全国販売にシフトしたのである。

それによって発行部数も激増し、『偽紫《にせむらさき》田舎源氏《いなかげんじ》』（柳亭種彦《りゅうていたねひこ》著）は各部1万部の販売数を記録。重三郎が夢見たであろう全国流通の開拓は、後世の版元の手で進んでいったのだ。

本の娯楽を庶民にも…読書の一般化

貴族から庶民へと広がる読者層

江戸時代より前の書物は原本を書き写した写本が流通の原則だったため、一握りの上流階級でしか読書をたしなむことはできなかった。しかし、江戸時代における製版印刷のはじまりと、幕府の文治政策で出版業は本格化していく。

書籍の種類は古典類、教習書、慰み本（俳諧・浄瑠璃本）からはじまり、日常用の教訓本や教養本も大量出版されていく。読者層も、それまでの貴族や僧侶から、武士、豪商、農村地主といった層へ広がっていった。

寛永年間（1624～44）に入り、漢文と仮名文字を交ぜた仮名草子が流行すると、一般層向けの出版体制はより強まる。元禄年間（1688～1704）の前後には、町人文化の興隆で民間の識学者（学問の研究をする人）が購読者層の中心となっていった。

出版物も漢文の内容をひらがな交じりにし、扱いやすく安価な小本型へと書型を移していく。元禄中期には半紙本《はんしぼん》（半紙二つ折りの大きさの本）が主流となり、いっそう商業的性質が強くなっていった。書籍は高価であるため中・下層の読者は少なかったが、庶民に対する出版体制の基礎は着実に築かれていたのが、元禄までの時代である。

広範なジャンルを手掛けて読書ブームを後押し

享保年間（1716〜36）に入ると、都市部の急激な発展と庶民の富裕化によって、庶民向けの出版傾向は急速に強まった。

子ども向けの赤本も人気を博し、やがて浄瑠璃、歌舞伎、戦記といった大人を対象とした題材を扱う黒本、青本の人気も高まる。そして恋川春町の『金々先生栄花夢』によって黄表紙が生まれ、草双紙ブームが本格化する。わかりやすい笑いを主題とする滑稽本《こっけいぼん》、感動話や恋愛劇を題材とする人情本も人気を博し、これまで未開拓だった中・下層庶民も読者に組み込まれていったのだ。

この読書ブームを後押ししたことが、蔦屋重三郎の功績のひとつだ。重三郎は多種多様なジャンルの書物を世に送り出すことで、一般庶民に読書の楽しみを広めたのである。

耕書堂が取り扱った書籍は、実に多種多様だった。『吉原細見』や「富本節正本」はもちろん、狂歌本、洒落本、黄表紙、狂歌絵本、往来物、戯作などを出版し、その大半が一流の絵師や戯作家によって手掛けられている。

絵本類が広げた読書の輪

波及効果が最も大きかったのは、黄表紙に代表される絵本類だ。洒落本や狂歌本の作者は文化人や吉原通。読者も文芸者や吉原客という愛好家向けの本なので、一般的なウケは、さほどではない。対する絵本は絵が主体なので大衆性が高い。黄表紙の本文はひらがな中心のため読みやすく、文学に精通していない人々でも親しみやすいものだった。しかも内容まで面白ければ、人気が出ないはずはない。

もっとも、安永から天明までの黄表紙本は、教養に富んだ文人層が主要な読者層であった。しかし寛政年間（1789〜1801）に入ると、庶民向けの教訓本が多くなる。筆禍事件で風刺本が絶版処分になったことによる路線変更ではあるのだが、これが大いにウケたのである。

黄表紙の成功は江戸の庶民を読書の世界に招き入れ、部数の増加と事業拡大につながった。教訓本も、学びたくとも硬くて難しい本は読めない読者にヒットする。

本の楽しみを知った庶民の中には、黄表紙から他のさまざまな書物に手を出す者も出る。そして女性にも、日用の教訓や実用書はもちろん、娯楽目的の文芸書の読書が根づいていった。

こうした流れは重三郎の死後にも受け継がれ、十返舎一九の『東海道中膝栗毛』や式亭三馬《しきていさんば》の『浮世風呂《うきよぶろ》』などの滑稽本人気や、曲亭馬琴の『南総里見八犬伝《なんそうさとみはっけんでん》』といった本格長編読本の人気につながっていくのである。

読書人気の興隆は、元禄前後からの経済発展や各版元の尽力によるものだ。しか

滑稽本で人気を博した十返舎一九

本格長編読本で成功した曲亭馬琴

し、多種のジャンルでヒット作を生み出し、庶民に読書の楽しみを広めたのは、紛れもなく重三郎の功績なのである。

出版社のはじまりとしての、江戸の書店

製本から小売りまで担う、書籍の総合業者だった江戸の書店

江戸時代の出版システムは、現在の出版業界と大きく異なる。いまの書店は書籍の小売りだけだが、江戸時代では企画、製版、編集、製本までおこなう、書籍の総合業者であった。

下《くだ》り本（上方でつくられた本）や硬い本を扱う書物問屋や江戸の大衆本を売る地本問屋のほかに、古本屋も新刊本を発刊することがあったようだ。もっとも、大手出版本屋でも古本の買取りと販売をしていたので、双方の垣根は曖昧《あいまい》だった。

実際、天保8（1837）年に幕府への反乱を起こした大塩平八郎も、その資金を調達するために、蔵書を大手版元の河内屋に売却している。

干し店（露店）のように販売専門の店もあったが、店舗をもつ書店は出版業を兼任することがほとんどだった。この体制は江戸時代のうちに変わることはなく、明

治時代を迎えるまでに近代的出版社が登場することはなかった。

これは蔦屋重三郎の耕書堂でも同じだった。しかし、耕書堂は近代的な出版社としての片鱗《へんりん》を早くも見せはじめていたのだ。

版元ごとに違った、作者との関係性

浮世絵版画をつくる流れは決まっている。

版元の企画をもとに絵師との相談を経て内容を決め、描かれた下絵を絵草子掛りの名主（検閲担当者）から出版企画の印（検閲を受けたことの証明）を得る。

この下絵を彫師が板木に貼りつけてから墨版をつくり、絵師の指定を参考にしながら色版を仕上げる。ここから色版を紙に摺り、また別の色版を摺り込むことを繰り返し、完成した試し摺りを絵師の意見で修正しながら本摺りをつくり上げるのだ。

その一方で、戯作出版は版元と作家がどのように責任を分担し、作品を企画・制作したのか、いまだに定説は出されていない。戯作者側に主導権があったという説もある一方、版元が強権をもっていた事例もあるようだ。

重三郎と同時期に活躍した西村屋には、このような一文が残されている。

「版元は作者画工等の名を高くすなれば其為に引札をするに似たり」

「かゝれば作者まれ画工まれ印行を乞ふべきものなり吾は決して求めず」

曲亭馬琴の『近世物之本江戸作者部類』に残されたこの文が意味することは、「作者や絵師は版元が作品を世に広めている」「作家の方から出版を求めるべき。版元側から作家に仕事は依頼しない」ということだ。この場合は、版元が作家たちに対して主導権を握っていたと考えられる。

事実上の出版社だった重三郎の書店

一方の重三郎はというと、作家との協調を重んじていたようだ。蔦屋の作家陣は重三郎の人柄と人心掌握によって集められた。吉原を用いた接待術や引き込み工作で囲い込んだ絵師、戯作者、狂歌師などを動員して、重三郎は江戸の出版史を華やかに彩った。そこに西村屋のような強権的姿勢は見られない。

優れた作品を量産できる作家や画工をまとめあげ、二人三脚の協力体制を構築して出版へと結びつける。そして有力作家とは事実上の専属関係を結び、上下関係による組織化を進めた。そうして蔦屋の専属状態になった作家といえば、朋誠堂喜三二や山東京伝だろう。作品の企画立案でも、重三郎が強い参画権をもっていたとされている。

こうした構図は、現在の出版社にも通じるものだ。いわば初代重三郎存命中の蔦屋は、近代出版社の雰囲気を早くも醸し出していたといえる。

ただし、書店と出版の境が曖昧という構造を崩すまでには至っていない。また版元と戯作者の専属も喜三二・春町と組んだ鱗形屋の前例があり、蔦屋と同世代の版元もおこなっている。近代出版社の登場は、近代活字印刷の実用化と本屋仲間の解散が進んだ明治20（1887）年以降である。

では重三郎の出版ノウハウに特筆すべき点はなかったのかといえば、そうでもない。優れた「人たらし」の才により、多数の人材を獲得し、ほかの版元より大規模で実行できた。当時の時流にうまくのり、より洗練された形につくり替えられることが、重三郎の長所だったのだ。

コミック文化のルーツとなった、洒落本・黄表紙

クールジャパン・コンテンツの先駆け

自動車をはじめとする工業製品で経済を支えてきた日本だが、近年は中国などの発展にともない陰りが見えてきた。そこで政府が力を入れはじめたのが「コンテン

ツ産業」。いわゆる「クールジャパン戦略」で、その経済規模は4兆円以上に達している。

日本製のコンテンツで、もっとも世界にもてはやされているのが、アニメやコミックだ。2024年3月に鳥山明氏が亡くなったとき、世界規模で哀悼の意が示された。そんなコミック文化の先駆けとなったのは、江戸時代に大流行した黄表紙である。

元禄時代、出版界を席巻していたのは、大坂の作家井原西鶴だ。色と欲を探求した西鶴の作品は一世を風靡し、天和2(1682)年に刊行された絵入りの『好色一代男』は「浮世草子」という新しいジャンルを構築する。やがて浮世草子は江戸で「草双紙」へと変化。書き手は、意外なことに武士が大半だった。

天下泰平の江戸時代に、武士は兵士としてより官吏の役目が強くなる。さらに、田沼時代には才能よりも縁故や金がものをいい、活躍の場所を失った者も多かった。やることはないが、ヒマはある。そんな武士の間で読書や文筆のブームが起き、執筆にいそしむものも増える。しかも、江戸で専門知識を得た人々は「通」と呼ばれ、憧れの的となった。

そのため、初期の草双紙は、同じ趣味をもつ同士、もしくは教養のある者しかわからない、いまでいうサブカルチャー寄りの本が多かったのだ。

挿絵を多用したコミックの元祖

そんななか安永4（1775）年、恋川春町の『金々先生栄華夢』が大ヒット。黄表紙のはじまりである。

『金々先生栄華夢』の内容は、主人公金村屋金兵衛が、江戸へ出て粟餅屋の店先でうたた寝をして夢を見る。夢の中で、栄華を極めるも遊蕩《ゆうとう》して勘当されたところで目が覚め、「人間一生の楽しみも粟餅一炊のうち」と悟り、故郷へ帰るという話だ。

古典をもじった話に洒落や滑稽を交えて、当時の世相や流行を綴った内容は、コミカルながら大人向けであった。しかも春町自身が描いた絵が、1ページの中でスペースを大きく取る。挿絵が主役で、その周りの余白に説明や登場人物のセリフが入るというレイアウトだ。現在のコミック本の原型に近く、非常に読みやすいことから、大好評を得たのだ。

『金々先生栄華夢』の版元は鱗形屋孫兵衛だ。鱗形屋は春町に次いで、朋誠堂喜三二の黄表紙も大ヒットさせ、このジャンルを牽引する存在になる。そうなれば、ほかの版元も追随するのは必然の流れ。鱗形屋と並ぶ大手版元、鶴屋喜右衛門が山東京伝を専属作家に迎えて売り込むなど、江戸の本屋はこぞって、同じく黄表紙に力を注いだ。

大田南畝は自著『菊寿草』で、「思へば思へばむかしにて、二十余年の栄花の夢、きんきん先生といへる通人いでゝ、鎌倉中の草双紙これがために一変して、どうやらこうやら草双紙といかのぼりは、おとなの物となつたるもおかし」と記している。つまり『金々先生栄花夢』によって、以前は子どものための読み物だった草双紙（絵本）が、大人が楽しむものになったと言及しているのだ。

重三郎が重視したエンターテインメント

世相や風俗とナンセンスな笑いを大きな絵で「魅せた」黄表紙の大ブーム。これを蔦屋重三郎が放っておくわけがない。重三郎はネットワークを駆使し、新人の浮世絵師に挿絵を描かせるというコラボレーションを実現させ、黄表紙出版の全盛期を築き上げる。重三郎自身も「蔦唐丸」の名で、『本樹真猿浮気噺《もときにまさるうわきばなし》』など、数作の黄表紙を執筆・刊行している。

寛政の改革の処罰で手鎖50日の刑に処された山東京伝も、ブランクこそあったが重三郎に説得され、『箱入娘面屋人魚《はこいりむすめめんやにんぎょ》』を執筆。浦島太郎のその後のストーリーを

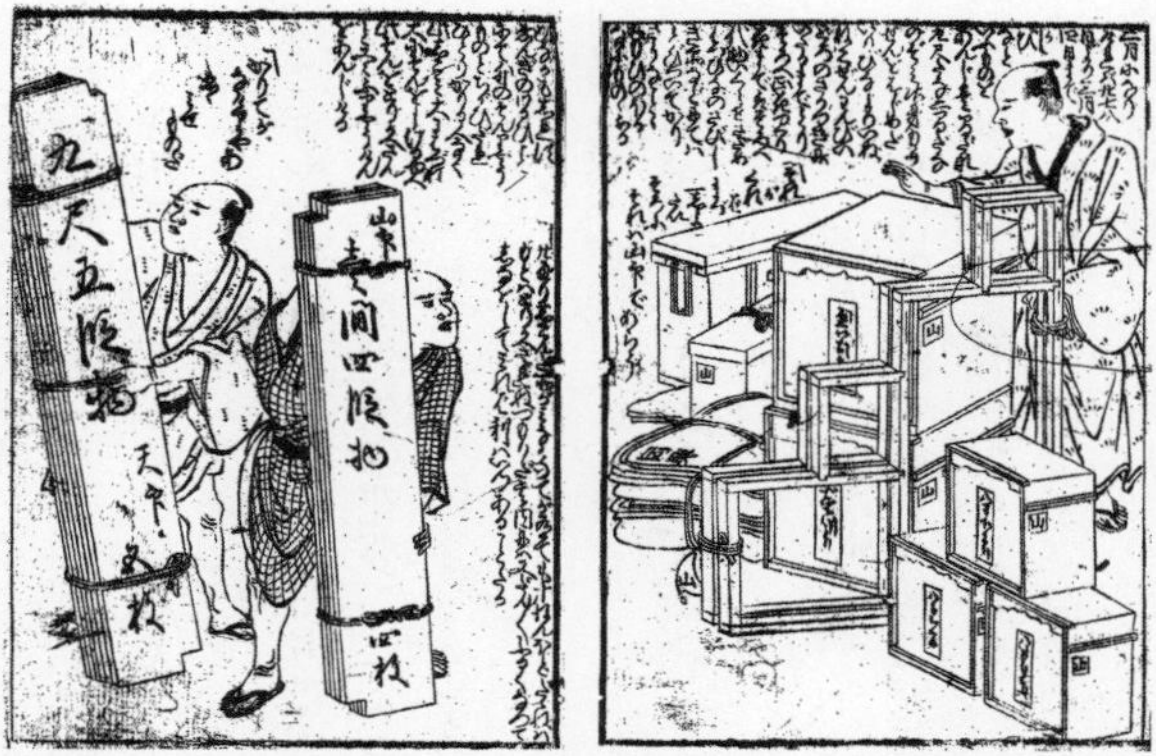

重三郎が蔦唐丸の名で執筆した『本樹真猿浮気噺』、寛政2（1790）年
（提供：国文学研究資料館）

描いた奇想天外な内容となっている。

しかし、全体的に弾圧の影響は大きく、内容は教訓的要素と伝奇的な内容に偏り、寛政7（1795）年には、敵討ちを題材にした南仙笑《なんせんしょう》楚満人《そまひと》の『敵当義《かたきうちぎ》女英《じょのはなぶさ》』が大ヒット。ここから黄表紙は物語性の強い内容が増えていき、その後長編ブームが到来。5丁合わせて1冊としていた黄表紙は、数冊合わせて1冊となり、「合巻」と称されるようになっていった。

重三郎は読書の一般化を図ったが、そのためには娯楽性を高める必要があった。小難しい内容ではなく、コミカルでなじみやすいコンテンツを浸透させることでの大衆ウケを狙ったのだ。

いまでこそ、漫画は日本を代表する文化のひとつに成長したが、昭和の中ごろまでは「漫画は低俗」と眉をひそめる人もいた。電車の中で大学生や大人が漫画雑誌を広げることを非難する声さえあったのだ。

重三郎が挿絵の多い黄表紙を広めることに、当時の知識人からも同様の声が上がったかもしれない。しかし、あくまでも重三郎は、エンターテインメントを重視し人気を獲得した。

日本人のもつエンタメに秀でた才能は、重三郎の時代から培われていったのかもしれない。

意識の変化で創造的文化活動となった出版業

元禄から本格化した出版規制

江戸時代の版元の最大の敵は、幕府の出版規制だった。

元禄文化の興隆で出版業も盛んとなり、江戸でも京都有力書商が次々に出店したほか、枕絵本、御伽《おとぎ》草子、仮名草子などの娯楽本も大量刊行されていった。その一方では幕政批判や時事報道の出版物も増え、元禄６（１６９３）年には鳥獣を将軍や幕臣に擬せた『馬のものいひ』が話題となっている。

ここにきて幕府は出版規制に本腰を入れ、時事報道の読売・書物の規制令を貞享元（1684）年、元禄11（1698）年、元禄16（1703）年、正徳3（1713）年と繰り返し発布。そんななか『馬のものいひ』の作者、筑紫園右衛門《つくしそのえもん》も元禄7（1694）年に死罪となった。

判決文では虚説の流布のためとなってはいたが、幕政批判への見せしめであることは明らかである。

享保年間（1716〜36）に入ると規制はいっそう強化され、時事物と幕政関連の書籍は全面的に発禁となる。また書物問屋仲間の結成による版元同士の自主規制もはじまり、出版業界は冷や水を浴びせかけられることになった。『曽根崎心中《そねざきしんじゅう》』で一世を風靡した浄瑠璃作家の近松門左衛門《ちかまつもんざえもん》も、享保8（1723）年の心中事件の脚本化と上演禁止の町触で、活動停止を余儀なくされている。

幕府の統制下に置かれた本屋仲間

享保年間までの規制強化で、江戸の出版業界は幕府の統制下に置かれた。ただ、幕府は規制で締め上げるだけでなく、宣伝広報にも利用している。

享保6（1721）年には、江戸書物屋仲間の公認と同時に、『六諭衍義《りくゆえんぎ》』を刊行。これは親への恭順と目上への尊敬などを説いた道徳書であり、これを寺子屋の教科書にさせるとともに、江戸とその近隣に広めさせたのである。

のちに仮名書き版の『六諭衍義大意』もつくらせ、「官版」という官製本の出版も任せている。『五常和解』『普救類方《ふきゅうるいほう》』に代表される書物の目的は、民衆に儒教基準の道徳観を植えつけて、幕府の支配体制を盤石にするためだ。その刊行資金も幕府が受けもち、江戸や地方に向けて出版された。

つまり当時の書店は、幕府の宣伝機関としての役割もあり、この政策実現に一役買った役人のひとりが江戸町奉行の大岡越前守忠相《えちぜんのかみただすけ》だった。

この時代は自由な表現出版の禁止で創作物の発展にブレーキがかかり、創造的活動の余地はほぼなくなったといっていい。

重三郎らが復活させた版元の文化的意義

こうした状況に変化が生じたのが、明和後期から天明までの時代だった。江戸の消費バブルと風俗面の自由放任策により、元禄以来の出版ブームが巻き起こる。知識人・文化人の交遊も活発化し、彼らの協力を得た版元も次々に登場した。

書物問屋でありながら、江戸洒落本屈指の名作『遊子方言《ゆうしほうげん》』を世に送り出した須原屋市兵衛、天明から安永の浮世絵界を牛耳った西村屋与八、京都の書物問屋をルーツとし、錦絵、絵本、浄瑠璃本など幅広い出版を手掛けた鶴屋喜右衛門など、個性的で機知に富んだ作品を扱う版元が次々に輩出されたのが田沼時代だったのだ。

その中で最も活躍した版元といえば、蔦屋重三郎をおいてほかにない。重三郎の成功を支えたのは、独創的な企画の数々だ。

吉原時代には俳諧絵本を他版元との合作で刊行し、天明狂歌ブームの最盛期には、書物問屋の領分とされてきた狂歌本に手を出した。ブーム後期には、錦絵と組み合わせた狂歌絵本を生み出している。

黄表紙では連年数種から10種以上の出版体制を維持し、浮世絵では喜多川歌麿の「美人大首絵」などの新技法が業界を賑わした。そして注目すべきは、規制すら表現の糧《かて》としたことだ。

庶民の寛政の改革に対する不満の高まりを見逃さず、『文武二道万石通』などの皮肉本で世の喝采を浴びる。規制強化には苦しめられたが、重三郎は革新的な作品の数々によって一流版元の地位を確立させたのである。

当時は出版バブルのまっただ中で、商業主義に染まった上辺《うわべ》だけの本も多かったという。重三郎も儲けを第一としてはいたが、その作品類はいずれも創造性にあふれた内容であった。それは、出版が文化運動の一環であることを自覚した経営方針だったといえる。

この思想は同年代の有名版元にも大なり小なり表れてはいたが、影響が最大だったのは、やはり重三郎だ。ただの商売人では終わらず、創造性も意識した経営。それは現代出版業にも通じる姿勢だったといえるだろう。

江戸文化の発展を支えた、文化人の発掘と支援

多くの逸材を見出した重三郎の目利き

蔦屋重三郎が江戸の出版界をリードするまでになった大きな要因として、新たな才能を見いだした点がある。山東京伝、十返舎一九、曲亭馬琴、喜多川歌麿、葛飾北斎、東洲斎写楽らは、重三郎のバックアップによって才能の花を咲かせ、江戸文化を華やかに盛り上げていくことになるのだ。

彼らの中には生活がままならないものも多かったが、重三郎は一時的に自分の家に寄宿させ、積極的に仕事を与えていった。馬琴は下積み時代、住み込みで蔦屋の

書店の番頭をし、十返舎一九もまた、用紙の加工や挿絵描きなどを手伝いつつ、チャンスを待っていた。

のちに馬琴は「重三郎には風流も文才もないけれど、世渡りの知恵は優れていて時代を代表する才子に愛されていた」と評している。

才能を見込んだものは、徹底的に面倒を見るきっぷのよさ。そして、吉原という接待の場に最適な立地も、おおらかで遊び心のある「有能新人の育成」に活きた。最も大きかったのは、積極的に無名の新人と一流の人気作家をコラボレーションし、仕事をさせたことである。これにより、新人は、一流の仕事の仕方を学ぶことができ、名も売ることができたのだ。

歌麿の『絵本虫撰』は、まさにそのひとつだ。このときの歌麿は、まだ美人画の大家として名を馳せる前である。ほかの絵師と横並びだった歌麿に、重三郎は試しに虫や鳥を描かせてみたところ、非常に見事だったことから発刊を企画する。唐衣橘洲、四方赤良、朱楽菅江といった江戸のスター狂歌師が、虫に託して詠んだ30首に歌麿が虫や草の挿絵をつけたこの作品は大ヒット。

この挿絵の仕事が「美人画」の作風には良い影響を及ぼし、その後の独創的な画風の確立に、大きくつながったともいわれている。

日本史上初めての原稿料システム

山東京伝などが処罰を受けた寛政の改革時、重三郎を支えていた多くの戯作者が筆を置いた。耕書堂は新たな機軸をつくる必要があり、目をつけたのが浮世絵だ。歌麿が描く浮世絵「美人大首絵」は狙いどおり大ヒットし、耕書堂の新機軸となる。ただ歌麿は、ほかの版元からの誘いが増え、ついに重三郎のもとを離れ「花形スター」が不在となる。しかし、これもまた重三郎にとっては新人発掘の好機であり、歌麿に代わって写楽を表看板に仕立て上げたのだ。新人デビューの策もまた、重三郎らしいものである。

ただ、重三郎は新人作家だからといって廉価版を出すことをしなかった。積極的に豪華版を出版し、才能をアピール。写楽の場合は、いきなり大首絵を28枚一挙にリリース。しかも背景は、すべて雲母《うんも》の粉もしくは貝殻の粉を用いる「黒雲母摺り《くろきらず》」という特別仕様だった。

誰も名前を聞いたことのない、売れるかどうかわからない絵師に、ここまで贅を尽くすのは、通常の感覚では真似できない売り方である。

また重三郎は、若手の育成だけではなく、作家をひとつの「職業」とした。つまり、原稿料のシステムをはじめて導入したのである。

それまでの創作物は、武士や商人など収入となる職業が別にある者たちの余技でしかなかった。版元は執筆者に対してお金を払わないことはなかったが、それは原稿に対する対価としてではなく、原稿を催促する貸しとして支払った。ときには「謝礼」という形で金銭や物品を贈る、もしくは宴席を設けるなどしたのである。

そんななか重三郎は、はじめて山東京伝に、原稿料（印税）という形で金銭を支払った。寛政2（1790）年、『仕懸文庫』など洒落本三部作の執筆の対価としてである。

原稿料は合計銀146匁（約45万円程度）の約束だった。ただ結果として、この三部作は寛政の改革の風紀粛正に違反したとされ、絶版処分にされてしまう。そのため京伝が受け取った原稿料は、ほぼ半額だったという。

筆一本で生きていくプロフェッショナルの誕生

それでも、これが日本ではじめての版元から作家に支払った「原稿料」とされている。一説によると、重三郎が京伝に原稿料を払ったのは、黄表紙を書く戯作者が減り、残った人気作家である京伝をほかの版元に取られないよう囲い込もうとした、という説もある。

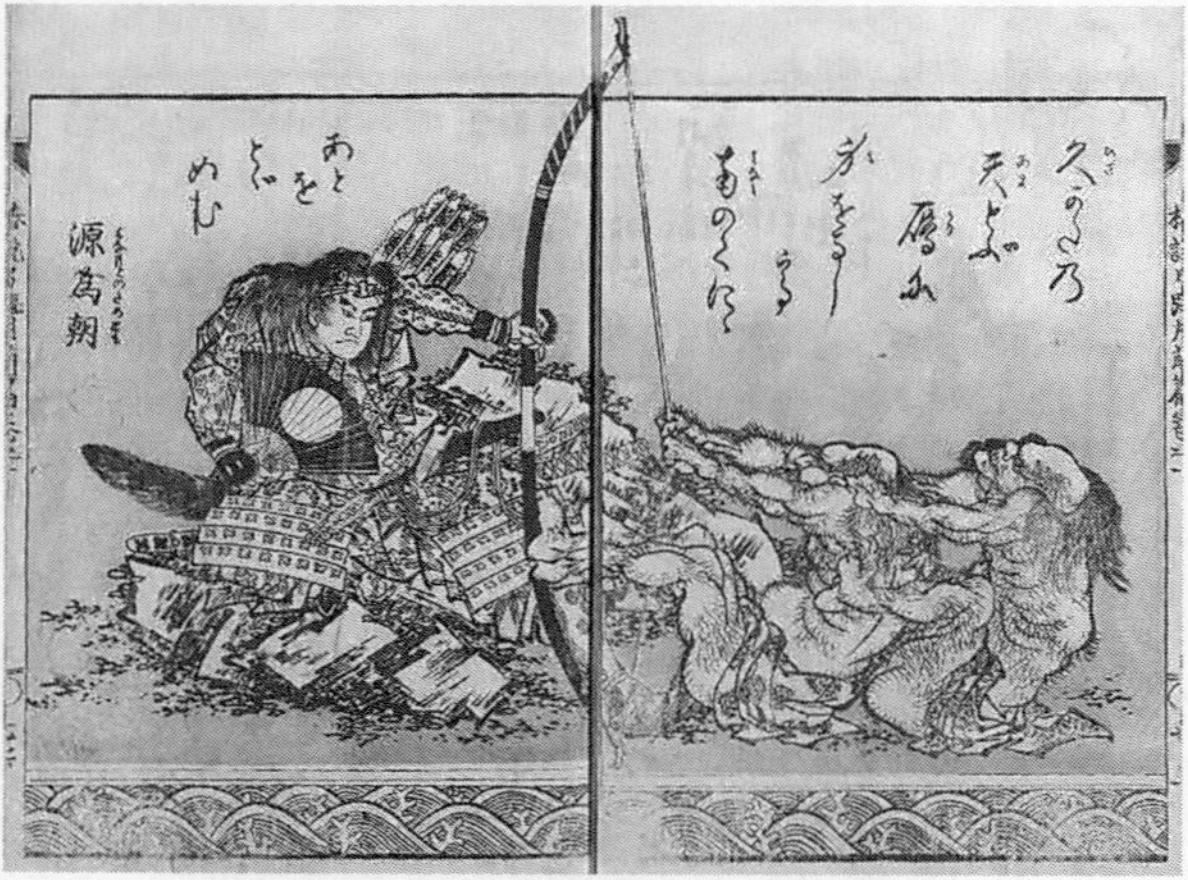

馬琴作、北斎画の読本『椿説弓張月』

どちらにしても、金銭的な約束があるのは心強いもの。作家の生活環境が作品の質に影響することを痛感している重三郎にとって、彼らに一定の生活を約束することこそ版元の仕事と捉えていたかもしれない。

その後、重三郎が手元に置き育てた戯作者たちが育ち、さらに状況は進歩していく。馬琴には『傾城水滸《けいせいすいこ》伝《でん》』『椿説弓張月《ちんせつゆみはりづき》』の作品の完成後、原稿料が支払われた。そして十返舎一九は、日本ではじめて筆一本で生活する職業作家第一号、すなわちプロ作家となるのだ。

有能な新人を発掘し、彼らの生活を援助し、新たな業界の慣習をつくった重三郎。彼のリーダーシップが、現在の出版界における金銭授受の原型をつくったといっても過言ではない。

教科書・学習参考書の先駆け、「往来物」の一般化

識字率を支えた寺子屋教育

江戸時代は、庶民学習が発達した時代でもある。元禄年間（1688〜1704）までの経済発展で、読み書きと算盤《そろばん》（計算）が日常の中で必要不可欠となったからだ。商家では奉公人に丁稚《でっち》教育を施し、それ以外の町人農民が通ったのが寺子屋である。

寺子屋とは、鎌倉時代に寺院が寺領内の子どもたちに読み書きを教育したことに由来するという。「手習い塾」「手跡指南《しゅせきしなん》」とも呼ばれ、おもに7歳から14歳までの少年少女に学習をほどこした。

公的な機関ではないので、教育の質は手習い師匠の能力に左右され、商人の子が多ければ商用の崩し字を、女子が多い寺子屋では裁縫などを教えることもあったようだ。また、基本は少人数制なので、生徒に合わせた個別の教育課程を組んだこと

も特徴である。こうした寺子屋は、幕末までに全国で約1万5000も存在したという。

このような教育をへて、庶民も読み書きが可能となる。高度な解読は私塾か自習が必要だったが、日常生活を送るうえでは十分だ。

それにともない庶民の読書量も増え、書籍の需要も高まった。江戸時代の出版文化は、こうした初等教育の高まりに支えられたといえる。

ただし家庭の事情などで寺子屋とは無縁の子どももいたし、武士は自主教育が主流だった。当時の識字率には諸説あり、都市部で最大7～8割、最小で5割ほど。それでも世界屈指の識字率を誇っていたのだ。

初等教育用の教科書として普及

寺子屋などの初等教育で使われた教科書が「往来物」だ。平安時代の手紙文例集が起源とされ、公家の往復書簡（往来）が名称の由来であるという。当初は公家、僧侶、武士など上流階級の教育に用いられたが、江戸時代には庶民の初等教育における教科書として普及することになった。

往来物と一口にいっても、その種類はさまざまだ。読み書きの学習用として、単語単文を集めた熟語類、手紙や書類の規範文を学ぶための消息類、歴史や地理を学ぶ歴史・地理類、日々の教訓を収録した訓育類などにわけられる。

このほか、農村用の「農業往来」、商人向けの「商売往来」、武士の自主学習用の「武家往来」など、各種身分や職業に特化した書籍も多数つくられた。これらの往来物は、学制が敷かれる明治初期まで初等教育を支えていたのである。

重三郎が展開した往来物と教育書〝攻勢〟の影響

この往来物制作を担当したのは、各地方の書店だ。庶民の識字能力が向上すれば、出版書の読者の増加にもつながる。書店にとっては都合のよいことであった。

彼らは往来物の出版を手掛けるだけでなく、寺子屋教育の修了後を標的とした学術書の刊行にも手を出していく。

すでに京都では、元禄時代より実用書や俗解書の編集が盛んだった。大坂も吉文字屋市兵衛に代表される本屋の主導で、啓蒙《けいもう》教化の書の出版が進んでいた。また集団学習で用いる学習書だけでなく、独学者を対象とした「早学問」も出版されており、町人の学習環境はかなり整っていたことになる。

江戸においても町人向けの参考書を手掛ける版元は数多く、蔦屋重三郎も教育書籍に力を入れている。

安永9（1780）年、蔦屋から農業往来の『新撰耕作往来千秋楽』が刊行。翌年には女子用往来物の『女今川艶紅梅《おんないまがわつやこうばい》』が出版され、以降も定期的に蔦屋製の往来物が送り出されている。

その後も天明2（1782）年に農村用の『百姓今川准状《なぞらえじょう》』、その翌年に『京内《きょううち》詣《もうで》』。天明5（1785）年には『万《よろず》手《て》形鑑《がたかがみ》』や『龍《たつ》田《た》詣《もうで》』といった教育書を立て続けに出版し、この部門においても強い存在感を発揮していた。

重三郎が往来物の出版に乗り出したのは、安定的な利益を望んでいたからだという。庶民教育の教科書である往来物は値段が安く、1冊あたりの利益率は低かったようだ。

しかし教科書の需要はなくならないので、長期的には安定した売り上げが見込める。幕府の規制の対象外でもあるため、寛政の改革以後も出版が続いた主力商品のひとつだった。

また、筆禍事件の処分以降は専門書や学術書の出版にも力を入れた。文武両道の奨励による硬い本の需要増を見込んでのことだった。寛政3（1791）年に書物問屋の株を取得したのも、出版ルートの開拓だけでなく、学術書戦略をより円滑化させるためでもあったのだろう。

こうした往来物の出版は寺子屋教育の発展を下支えし、学術書の攻勢によって一般庶民の自学自習も高まった。他版元による出版努力も影響してはいるが、天明・寛政の教育意識の向上を促したのは、重三郎の功績のひとつといえるだろう。

◉本書の執筆に当たり、以下の文献を参考にさせていただきました――

『蔦屋重三郎　江戸芸術の演出者』松木寛（日本経済新聞社）／『歴史人12月号増刊　蔦屋重三郎とは何者なのか？』歴史人編集部編（ABCアーク）／『探訪　蔦屋重三郎　天明文化をリードした出版人』倉本初夫（れんが書房新社）／『蔦屋重三郎と天明・寛政の浮世絵師たち』太田記念美術館学芸部編（浮世絵太田記念美術館）／『逆転無罪！　日本史をザワつかせた悪人たち』河合敦（河出書房新社）／『図説江戸5　江戸庶民の娯楽』竹内誠監修（学習研究社）／『江戸の本づくし　黄表紙で読む江戸の出版事情』鈴木俊幸、『江戸の本屋さん　近世文化史の側面』今田洋三、『無縁・公界・楽』網野善彦、『新版　蔦屋重三郎』鈴木俊幸（以上、平凡社）／『百均・アイドル・焼き芋屋　江戸の発明　現代の常識』檜山良昭（東京新聞）／『図説吉原事典』永井義男（朝日新聞出版）／『江戸浮世絵を読む』小林忠（筑摩書房）／『大田南畝―詩は詩佛書は米庵に狂歌おれ―』沓掛良彦（ミネルヴァ書房）／『黄表紙・洒落本の世界』水野稔、『日本古典文学大辞典　簡約版』日本古典文学大辞典編集委員会編（以上、岩波書店）／『江戸時代の図書流通』長友千代治（佛教大学通信教育部）／『江戸庶民の読書と学び』長友千代治（勉誠出版）／『図解！　江戸時代』「歴史ミステリー」倶楽部（三笠書房）／『江戸の出版統制　弾圧に翻弄された戯作者たち』佐藤至子（吉川弘文館）／『写楽　謎多き天才絵師』クールジャパン研究部、『歌麿　美人画』クールジャパン研究部（以上、ゴマブックス）／『浮世絵細見』浅野秀剛、『浮世絵の歴史　美人絵・役者絵の世界』山口桂三郎（以上、講談社）／『吉原はスゴイ　江戸文化を育んだ魅惑の遊郭』堀口茉純、『娯楽都市・江戸の誘惑』安藤優一郎、『お江戸の意外な「モノ」の値段』中江克己（以上、PHP研究所）／『江戸を賑わした色街文化と遊女の歴史』安藤優一郎、『江戸の色町　遊女と吉原の歴史』安藤優一郎（以上、カンゼン)/『400年前なのに最先端! 江戸式マーケ』川上徹也(文藝春秋)/『葛飾北斎の本懐』永田生慈(KADOKAWA)/『開国前夜 田沼時代の輝き』鈴木由紀子(新潮社)/『稀代の本屋 蔦屋重三郎』増田晶文(草思社)/東京学芸大学教育コンテンツアーカイブ/国立国会図書館デジタルコレクション/和樂web/東京都美術館WEB/一般社団法人 江戸町人文化芸術研究所 サイト/アダチ版画研究所HP/ニッポンドットコム/文春オンライン/美術展ナビ/中京大学学術情報リポジトリ

KAWADE
夢文庫

蔦屋重三郎と江戸のアートがわかる本

二〇二四年九月三〇日　初版発行

著　者…………歴史の謎を探る会[編]
企画・編集………夢の設計社
〒162-0041 東京都新宿区早稲田鶴巻町五四三
☎〇三―三二六七―七八五一（編集）
発行者…………小野寺優
発行所…………河出書房新社
〒162-8544 東京都新宿区東五軒町二―一三
☎〇三―三四〇四―一二〇一（営業）
https://www.kawade.co.jp/
装　幀…………こやまたかこ
印刷・製本………中央精版印刷株式会社
DTP…………株式会社翔美アート
Printed in Japan ISBN978-4-309-48606-2

本書についてのお問い合わせは、夢の設計社までお願いいたします。